Achille Ratti / Papst Pius XI.: Predigtlehrer – Prediger – Bibliothekar

BEITRÄGE ZUR KIRCHEN- UND KULTURGESCHICHTE

Herausgegeben von Christoph Weber

BAND 29

Zu Qualitätssicherung und Peer Review der vorliegenden Publikation

Die Qualität der in dieser Reihe erscheinenden Arbeiten wird vor der Publikation durch den Herausgeber der Reihe geprüft.

Notes on the quality assurance and peer review of this publication

Prior to publication, the quality of the work published in this series is reviewed by the editor of the series.

Hermann-Josef Reudenbach

Achille Ratti / Papst Pius XI.: Predigtlehrer – Prediger – Bibliothekar

Mit Stimmen aus der zeitgenössischen Homiletik in Deutschland

PETER LANG

Bibliografische Information der Deutschen Nationalbibliothek
Die Deutsche Nationalbibliothek verzeichnet diese Publikation
in der Deutschen Nationalbibliografie; detaillierte bibliografische
Daten sind im Internet über http://dnb.d-nb.de abrufbar.

ISSN 0946-8803
ISBN 978-3-631-73839-9 (Print)
E-ISBN 978-3-631-73840-5 (E-Book)
E-ISBN 978-3-631-73841-2 (EPUB)
E-ISBN 978-3-631-73842-9 (MOBI)
DOI 10.3726/b12527

© Peter Lang GmbH
Internationaler Verlag der Wissenschaften
Berlin 2018
Alle Rechte vorbehalten.

Peter Lang – Berlin · Bern · Bruxelles ·
New York · Oxford · Warszawa · Wien

Diese Publikation wurde begutachtet.

www.peterlang.com

Pius PP. XI

Hans Kohl (1897–1990) [damals in München], Papst Pius XI., 1924. Postkarte: *Nach einer Original-Radierung nach dem Leben,* Wiesbaden (Verlag Heinrich Staadt), aus der Regierungszeit des Papstes (im Besitz des Verfassers).

NB.: Verf. dankt dem Stadtarchiv Heppenheim für dessen Bemühungen, mögliche Inhaber von Rechten an den Bildern des Heppenheimer Malers Hans Kohl zu ermitteln. Die Bemühungen haben bisher zu keinem Ergebnis geführt. Sollte jemand solche Bildrechte geltend machen können, wird er gebeten, sich in dieser Sache mit dem Verlag in Verbindung setzen.

MEMORIAE

ACHILLIS . RATTI

QVI . IN . PETRI . CATHEDRAM . EVECTVS

PII . XI . NOMEN . SIBI . IMPOSVIT

ET

POSTQVAM . IN . SEMINARIO . MEDIOLANENSI

SACRAM . ELOQVENTIAM

PER . NONNVLLOS . ANNOS . DOCVERAT

DEINDE

PER . TRIA . DECENNIA . IN . BIBLIOTHECIS

PRIMVM . AMBROSIANA . POSTREMO . VATICANA

THESAVRIS . LIBRORVM

CVSTODIENDIS . APERIENDIS . SCRVTANDIS

PRAEFVERAT

SVMMVS . PONTIFEX

SEIPSVM . PAPAM . BIBLIOTHECARIVM . VOCARE . VOLVIT

SIMVL . PER . TOTVM . SPATIVM . VITAE

PRAEDICARE . PERSEVERAVIT

HUNC . LIBELLVM . AVCTOR

IPSE . PRAEDICATOR . ET . IAM . BIBLIOTHECAE . MODERATOR

DEDICAT

Übersetzung der Widmungsinschrift

Dem Andenken / an ACHILLE RATTI, /
der sich, auf den Stuhl Petri erhoben, / den Namen Pius XI. gab, / und, /
nachdem er im Priesterseminar zu Mailand / die geistliche Beredsamkeit /
für einige Jahre doziert hatte / und danach in den Bibliotheken / – zuerst
der Ambrosianischen, endlich der Vatikanischen – / über die Bücher-
schätze / und ihre Bewahrung, Öffnung und Erforschung / gesetzt war, /
als Papst sich selbst den «Papa bibliotecario» zu nennen beliebte, / (und)
zugleich während seiner ganzen Lebenszeit / mit Ausdauer predigte, /
widmet / dieses Büchlein der Autor, / selbst Prediger und früher Leiter einer
Bibliothek.

Inhaltsverzeichnis

Vorwort

Die vorliegende Untersuchung bewegt sich im Schnittfeld dreier (kirchen-) historischer Teilgebiete:

Sie ist ein Beitrag zur Papstgeschichte, insofern sie einen frühen Lebensabschnitt Pius' XI. beleuchtet und erkennbar macht, wie jene Phase in dem späteren Pontifikat nachgewirkt hat.

Sie ist ein Beitrag zur Geschichte des Predigtwesens, insofern sie Schlaglichter auf die zeitgenössische Situation der Homiletik und auf das Theologische Seminar zu Mailand wirft und auf diesem Hintergrund Achille Ratti als Predigtlehrer und Prediger zu erfassen sucht.

Sie ist ein Beitrag zur Geschichte des kirchlichen Bibliothekswesens, insofern sie aufzeigt, daß der Lehrstuhl der *Sacra eloquenza* für Ratti zur Vorschule seiner Tätigkeit als Bibliothekar der Ambrosiana und der Vaticana wurde – eine Tätigkeit, die drei Jahrzehnte währen und den größeren Teil seines Lebens ausfüllen sollte.

Die Untersuchung entwickelt sich sozusagen auf zwei Gleisen. Auf dem ersten fragt sie, was über Achille Ratti als Predigtlehrer zu ermitteln ist und wie ihn seine Lehrtätigkeit auf die Laufbahn als Bibliothekar vorbereitet hat. Dieses Gleis mündet in Rattis Wechsel zur Bibliothek.

Auf dem zweiten folgt sie Ratti als Prediger, das heißt in einer Aktivität, die er *parallel* zu seinem Wirken als Professor und Bibliothekar entfaltete und die er als Papst nicht nur weiterführte, sondern auch mit öffentlichen Reflexionen begleitete. Dieses Gleis endet erst mit dem Tod Pius' XI.

Daß der Lehrstuhl der geistlichen Beredsamkeit für Achille Ratti zur Vorschule für die Laufbahn als Bibliothekar wurde, trat mir ins Bewußtsein, als ich im Jahr 2008 den Festvortrag zur Feier des 60. Geburtstags des damaligen Direktors der Erzbischöflichen Diözesan- und Dombibliothek Köln, Prof. Dr. Heinz Finger, vorbereitete. Als ich dann während des Vortrags kurz erwähnte, daß Ratti vor seinem Eintritt in die *Biblioteca Ambrosiana* Professor der *Sacra eloquenza* gewesen sei, bemerkte ich im Publikum hier und da ein Grinsen und Flüstern. Wirkte es gar zu exotisch, daß ein bedeutender Bibliothekar seine Laufbahn als Homiletiker begonnen hatte? War die *Sacra eloquenza* als theologische Disziplin nicht recht ernstzunehmen? Daß hier irgendwann einmal näher nachgeschaut werden mußte, war die Überzeugung, die ich aus dem kleinen Erlebnis mitnahm.

Dem deutschen Publikum dürften ein Thema wie das vorliegende und viele Einzelheiten, die im Gang der Untersuchung zur Sprache kommen, eher ungewohnt sein. Wenn das kleine Buch den kulturellen Verbindungen zwischen Italien und Deutschland einen winzigen Mosaikstein hinzufügen würde, wäre ich damit sehr einverstanden.

Herr Prof. Dr. Christoph Weber, Düsseldorf, machte mir das ehrenvolle Angebot, die Arbeit in die von ihm herausgegebene Reihe „Studien zur Kirchen- und Kulturgeschichte" aufzunehmen. Ich sehe darin einen Ausdruck unseres mittlerweile 38 Jahre währenden geistigen Austauschs, der einst *apud sanctum Petrum*, wie die Päpste zu datieren pflegen, begonnen hat. Dafür spreche ich ihm meinen freundschaftlichen und sehr herzlich empfundenen Dank aus. Allen Beteiligten des Verlages Peter Lang danke ich für die sorgfältige Betreuung der Drucklegung.

Aachen, am 23. März 2018
Hermann-Josef Reudenbach

Quellen und Literatur

▶ Das Verzeichnis ist geordnet nach der alphabetischen Reihenfolge der Kurztitel.

▶ Titel (Monographien, Aufsätze, Lexikonartikel), die als weiterführende Literatur, nicht aber als konkrete Belege genannt werden, sind in der folgenden Aufstellung im allgemeinen nicht berücksichtigt.

▶ Lexikonartikel, aus denen wörtlich zitiert wird, sind in das Verzeichnis unter Nr. 3) aufgenommen.

1) Schriften von Achille Ratti / Pius XI

Guida sommaria: Guida sommaria per il visitatore della Biblioteca Ambrosiana e delle collezioni annesse, Milano 1907 [erschien anonym].

Pio XI, Discorsi I–III: Discorsi di Pio XI. Edizione italiana, a cura di Domenico Bertetto. Bd. I (1922–1928), Bd. II (1929–1933), Bd. III (1934–1939), Torino 1960 (reprographischer Nachdruck Città del Vaticano 1985).

Pius XI., Ansprachen: Pius XI., Die Ansprachen an die deutschen Pilger im Jubiläumsjahr 1925. Hrsg. von Eugen Klee, Freiburg im Br. 1926.

Ratti, Acta Ecclesiae Mediolanensis II–III: ACTA / ECCLESIÆ MEDIOLANENSIS / AB EIUS INITIIS USQUE AD NOSTRAM ÆTATEM / OPERA ET STUDIO / PRESB[YTERI] ACHILLIS RATTI / SACRÆ THEOLOGIÆ, JURIS CANONICI ET PHILOSOPHIÆ DOCTORIS / E COLLEGIO DOCTORUM BIBLIOTHECÆ AMBROSIANÆ / CUM APPROBATIONE / ALOYSII NAZARI COMITIS A CALABIANA / ARCHIEPISCOPI MEDIOLANENSIS / VOLUMEN SECUNDUM, MEDIOLANI (Ex Typographia Pontificia Sancti Josephi, Via Sancti Caloceri, N. 9) MDCCCXC (Auf dem Umschlag des Exemplars der Staatsbibliothek München ist auffallenderweise MDCCCXCII, also das Erscheinungsjahr des dritten Bandes, angegeben.); VOLUMEN TERTIUM, MEDIOLANI [etc.] MDCCCXCII. – Benutzt wurden die Bände der Bayerischen Staatsbibliothek München, Sig. H. eccl. 4° / 8 / ma 2; ma III/1–2.

RATTI, **Lettere Cenacolo:** Lettere di Achille RATTI alle sue figlie spirituali del Cenacolo (1884–1921), a cura di Franco CAJANI (I Quaderni della Brianza, anno 33, n° 176), Besana Brianza 2010.

RATTI, **Lettere 1875–1922:** Lettere di Achille Ratti (1875–1922), a cura di Franco CAJANI, Besana Brianza 2003.

RATTI, **Papiri di Galliano:** Achille RATTI, I papiri dell'antica Basilica di S. Vincenzo di Galliano presso Cantù (Provincia di Como). Nota, con una tavola, in: Rendiconti del Reale Istituto Lombardo di scienze e lettere, serie II, 41 (1908), fasc. 20, S. 1024–1031.

RATTI , **Scritti storici:** Achille RATTI (PIO XI), Scritti storici. Introduzione di Paolo BELLEZZA, Firenze 1932.

2) Zeitgenössische Publikationen, die überprüft oder ausgewertet wurden, aber nicht detailliert zitiert sind

Abhandlungen und Aufsätze aus dem Gebiete der Homiletik und Katechetik. Zugabe zum Chrysologus. Siebenter Zyclus. Hrsg. von Heinrich NAGELSCHMITT, Paderborn – Münster (F. Schöningh) 1886.

Chrysologus. Eine Monatsschrift für katholische Kanzelberedsamkeit. Hrsg. von Heinrich NAGELSCHMITT, Paderborn – Münster (F. Schöningh) 25 (1885), 26 (1886), 27 (1887).

3) Weitere Quellen und Literatur

AMATO, **Cristo centro:** Domenico AMATO, Cristo centro e respiro della storia. Il pensiero cristologico di Vito Fornari (Corona Lateranensis, 39), Roma 1995.

Angelo Dell'Acqua. Prete, diplomatico e cardinale: Angelo Dell'Acqua. Prete, diplomatico e cardinale al cuore della politica vaticana, a cura di Alberto MELLONI (Santa Sede e politica nel Novecento, 2), Bologna 2004.

APECITI, **Dell'Acqua:** Ennio APECITI, Angelo Dell'Acqua, segretario del card. Eugenio Tosi, in: Angelo Dell'Acqua. Prete, diplomatico e cardinale [nähere Angaben dort], S. 17–63.

APECITI, **Disagio:** Ennio APECITI, Disagio nella Chiesa milanese verso lo Stato unitario e stile pastorale di Nazari di Calabiana, in: Diocesi di Milano. 1ª/2ª parte [durchgehend paginiert], a cura di Adriano CAPRIOLI – Antonio RIMOLDI – Luciano VACCARO (Storia religiosa della Lombardia, 9/10), Brescia 1990, hier 2ª parte, S. [725]-757.

AUDISIO, **Lezioni:** Guglielmo AUDISIO, Lezioni di eloquenza sacra. Settima edizione, Torino (Giacinto Marietti) 1870.

BAUMGARTEN – DANIEL – DE WAAL, **Rom:** Die Katholische Kirche unserer Zeit und ihre Diener in Wort und Bild. Bd. I: Paul Maria BAUMGARTEN – Charles DANIEL – Anton de WAAL (Bearb.), Rom. Das Oberhaupt, die Einrichtung und die Verwaltung der Gesamtkirche, Wien 1899.

BELLESHEIM, **Bespr. Bossuet et la Bible:** Alfons BELLESHEIM, Bespr. u. a. von: R[ené] DE LA BROISE, Bossuet et la Bible, Paris 1891, in: Der Katholik 73 (1893) II, S. 548–557.

BELLESHEIM, **Bespr. Œuvres oratoires de Bossuet:** Alfons BELLESHEIM , Bespr. von: Œuvres oratoires de BOSSUET. Édition critique complete par J[oseph] LEBARQ, Tome sixième 1670–1702, Bruges 1895, in: Der Katholik 77 (1897) II, S. 177–178.

BELLESHEIM, **Bespr. Table analytique:** Alfons BELLESHEIM, Bespr. von: J[OSEPH] Lebarq, Table analytique des oeuvres oratoires de Bossuet, Lille – Paris 1897, in: Der Katholik 77 (1897), S. 470–471.

BELLESHEIM, **Bourdaloue's Bildniß:** Alfons BELLESHEIM, Bourdaloue's Bildniß in der alten Pinakothek zu München, in: Historisch-Politische Blätter für das katholische Deutschland 128 (1901/II), S. [138]-144.

BELLESHEIM, **Bourdaloue-Literatur:** Alfons BELLESHEIM, Bourdaloue-Literatur, in: Der Katholik 79 (1899) I, S. 549–551.

BELLESHEIM, **Neueste Bourdaloue-Literatur:** Alfons BELLESHEIM, Neueste Bourdaloue-Literatur, in: Der Katholik 82 (1902) I, S. 341–353.

BENZ, **Oberdörfer:** Hartmut BENZ, Professor Karl Wilhelm Oberdörfer *1860 †1945. Ein Mucher macht Karriere, Bruchhausen 1995.

BIERBAUM, **Pius XI.:** Max BIERBAUM, Papst Pius XI. Ein Lebens- und Zeitbild. Erste bis fünfte Aufl., Köln 1922.

BIGNAMI ODIER, **La Bibliothèque Vaticane:** Jeanne BIGNAMI ODIER, La Bibliothèque Vaticane de Sixte IV à Pie XI. Recherches sur l'histoire des collections de manuscrits, avec la collaboration de José RUYSSCHAERT (Studi e Testi, 272), Città del Vaticano 1973.

BISER, **Hettinger:** Eugen BISER, Franz Seraph Hettinger (1819–1890), in: Katholische Theologen II [nähere Angaben dort], S. 409–441.

Borromeo: siehe CARLO BORROMEO.

Bräuer, **Kardinäle:** Martin Bräuer, Handbuch der Kardinäle (1846–2012), Berlin – Boston 2014.

Brecher, **Josef Drammer:** August Brecher, Dr. theol. Josef Drammer 1851–1929 Pfarrer von St. Peter in Aachen. Begründer und erster Generalpräses des katholischen Jungmännerverbands, in: Zeitschrift des Aachener Geschichtsvereins 94/95 (1987/1988), S. 341–424.

Brosseder, **Priesterbild:** Hubert Brosseder, Das Priesterbild in der Predigt. Eine Untersuchung zur kirchlichen Praxisgeschichte am Beispiel der Zeitschrift *Der Prediger und Katechet* von 1850 bis zur Gegenwart, München 1978.

Brück, **Art. Brück:** Anton [Philipp] Brück, Art. Brück, Heinrich, in: Gatz, Bischöfe I, S. 75–76.

Bühler, **Schwabengänger:** Linus Bühler, Die Bündner Schwabengänger und die Tessiner Kaminfegerkinder, in: Schweizerisches Archiv für Volkskunde / Archives suisses des traditions populaires 80 (1984), S. 165–182.

Bühler, **Spazzacamini:** Linus Bühler, I giovani spazzacamini ticinesi, in: Quaderni grigionitaliani 53 (1984), S. [330]-342.

Carlo Borromeo, **Eloquenza sacra:** ELOQUENZA SACRA / ISTRUZIONI / SULLA / PREDICAZIONE DELLA DIVINA PAROLA / PUBBLICATE / per Decreto del Concilio Provinciale III di Milano / e d'ordine di S. CARLO / Cardinale di S. Romana Chiesa, del titolo di s. Prassede / ed Arcivescovo di questa Città / PRESCRITTE / A TUTTI I PREDICATORI / DELLA DIOCESI E PROVINCIA DI MILANO / Traslate dal latino in italiano da un Sacerdote dell'Oratorio di S. Filippo Neri di Torino, Torino (Tipografia e Libreria dell'Oratorio di s. Francesco di Sales) 1873, 70 S. – Benutzt wurde das Exemplar der Universitätsbibliothek Bamberg, Sign. CL 4403 19.

Cattaneo, **Achille Ratti prete:** Enrico Cattaneo, Achille Ratti prete e arcivescovo di Milano, in: Pio XI nel trentesimo della morte [nähere Angaben dort], S. [107]-162.

Cattaneo, **La singolare fortuna:** Enrico Cattaneo, La singolare fortuna degli «Acta Ecclesiae Mediolanensis», in: La Scuola Cattolica 111 (1983), S. [191]-217.

CAVALLERI, L'archivio: Ottavio CAVALLERI, L'archivio di mons. Achille Ratti Visitatore Apostolico e Nunzio a Varsavia (1918–1921). Inventario. In Appendice le istruzioni e la relazione finale, a cura di Germano GUALDO (Collectanea Archivi Vaticani, 23), Città del Vaticano 1990.

Christliche Philosophie I-II: Christliche Philosophie im katholischen Denken des 19. und 20. Jahrhunderts, hrsg. v. Emmerich CORETH – Walter M. NEIDL – Georg PFLIGERSDORFFER, Graz – Köln – Wien 1987–1990. Bd. 1: Neue Ansätze im 19. Jahrhundert, 1987; Bd. 2: Rückgriff auf scholastisches Erbe, 1988; (Bd. 3: Moderne Strömungen im 20. Jahrhundert, 1990).

CONFALONIERI deutsch: Carlo CONFALONIERI, Pius XI. Aus der Nähe gesehen. Deutsch von Walter TSCHAKERT (Bibliothek Ekklesia, 25), Aschaffenburg 1958.

CONFALONIERI, Pio XI: Carlo CONFALONIERI, Pio XI visto da vicino, Torino, 1957; benutzt wird die Ausgabe Torino ²1957. – Ein späterer Neudruck: Carlo CONFALONIERI, Pio XI visto da vicino. Nuova edizione con l'aggiunta di due appendici, a cura di Giuseppe FRASSO (Grandi biografie, 2), Cinisello Balsamo 1993.

CROCE, Joseph Jungmann: Walter CROCE, Joseph Jungmann und die Homiletik, in: Zeitschrift für kath. Theologie 80 (1958), S. [193]-199.

CROCE, Art. Jungmann: Walter CROCE, Art. Jungmann, Joseph, in: LThk² 5 (1960), Sp. 1219.

CROCE, Art. Schleiniger: Walter CROCE, Art. Schleiniger, Nikolaus, in: LThk² 9 (1964), Sp. 416.

Cronologia biografica: CENTRO INTERNAZIONALE DI STUDI E DOCUMENTAZIONE PIO XI, Le tappe della vita di Pio XI. Cronologia biografica, in: Umberto DELL'ORTO, Pio XI, un Papa interessante. Prefazione di Cesare PASINI. Postfazione di Giulio ANDREOTTI, Cinisello Balsamo 2008, S. 89–97.

EMANUEL, Sieben Jahre: Isidor Markus EMANUEL, Sieben Jahre im roten Talar. Römische Erinnerungen eines Germanikers, Speyer 1970.

ENGEL-JANOSI, Diplomatische Mission: Friedrich ENGEL-JANOSI, Die diplomatische Mission Ludwig von Pastors beim Heiligen Stuhle, 1920–1928 (Österreichische Akademie der Wissenschaften. Philosophisch-Historische Klasse. Sitzungsberichte 254, Nr. 5), Wien 1968.

EscH, Briefe aus Rom: J[ean] B[apiste] EscH, Briefe aus Rom. Zeitgemäße Betrachtungen von vor zehn Jahren, Luxemburg 1940.

ESSER, Art. Kassiepe: Wilhelm ESSER, Art. Kassiepe, Max, in: LThK² 6 (1961), Sp. 13.

FAGIOLI VERCELLONE, Art. Fornari: Guido FAGIOLI VERCELLONE, Art. Fornari, Vito, in: DBI 49 (1997), S. 82–84.

FINKENZELLER, Kleutgen: Josef FINKENZELLER, Josef Kleutgen (1811–1883), in: Katholische Theologen II [nähere Angaben dort], S. 318–344.

FOFFANO, La Biblioteca Negri da Oleggio: Tino FOFFANO, La Biblioteca Negri da Oleggio: una preziosa raccolta di storia lombarda, in: Aevum 48 (1974), S. [570]-575.

FORNARI, Dell'arte del dire III: Vito FORNARI, Dell'arte del dire. Lezioni. Quarta edizione. Bd. 3, Napoli (Stamperia e cartiere del Fibreno) 1865. Die weiteren Teile des Werks: Bde. 1–2, Napoli (Stamperia e cartiere del Fibreno) 1866; Bd. 4, Napoli (Tipografia dell'Industria) 1868.

GALBIATI, Ambrosiana: Johannes [= Giovanni] GALBIATI, Achille Ratti (Papst Pius XI) und die Ambrosiana, in: Sankt Wiborada 3 (1936), S.138–149.

GALBIATI, Pio XI evocato: Giovanni GALBIATI, Papa Pio XI evocato da G. G., Milano u. a. 1939.

GATZ, Bischöfe I: Die Bischöfe der deutschsprachigen Länder 1785/1803 bis 1945. Ein biographisches Lexikon. Hrsg. von Erwin GATZ, Berlin 1983.

GATZ, Bischöfe II: Die Bischöfe der deutschsprachigen Länder 1945–2001. Ein biographisches Lexikon. Unter Mitwirkung [...] hrsg. von Erwin GATZ, Berlin 2002.

GATZ, Dieringer: Erwin GATZ, Franz Xaver Dieringer (1811–1876), in: Katholische Theologen III [nähere Angaben dort], S. 60-[86].

GUASCO, Fermenti: Maurilio GUASCO, Fermenti nei seminari del primo '900 (I nostri profeti, 4), Bologna 1971.

GUASCO, Storia del clero: Maurilio GUASCO, Storia del clero in Italia dall'Ottocento a oggi, Roma – Bari 1997.

GUERRIERI, La Biblioteca Nazionale: Guerriera GUERRIERI, La Biblioteca Nazionale «Vittorio Emanuele III» di Napoli, Milano – Napoli 1974.

HABERMANN – KITTEL, Lexikon dt. wisss. Bibliothekare: Alexandra HABER-MANN – Peter KITTEL, Lexikon deutscher wissenschaftlicher Bibliotheka-re. Die wissenschaftlichen Bibliothekare der Bundesrepublik Deutschland (1981–2002) und der Deutschen Demokratischen Republik (1948–1990) (Zeitschrift für Bibliothekswesen und Bibliographie. Sonderhefte 86), Frankfurt am M. 2004.

HASENFUSS, Art. Hettinger: Josef HASENFUSS, Art. Hettinger, Franz Se-raph, in: LThK² 5 (1960), Sp. 314.

HEIDUK, Oberschles. Lit. Lex.: Franz HEIDUK, Oberschlesisches Literatur-Lexikon. Biographisch-bibliographisches Handbuch. 3 Teile (Schriften der Stiftung Haus Oberschlesien. Literaturwissenschaftl. Reihe, 1/1–3), Berlin 1990–2000.

HEPP, Impulse: Josef HEPP, Impulse zur alttestamentlichen Verkündigung. Die Predigt über Texte des Alten Testaments im 19. Jahrhundert (Schrif-ten zur Religionspädagogik und Kerygmatik, Bd. 9 [irrtümlich 8]), Würz-burg 1972.

HETTINGER, Aphorismen: Franz HETTINGER, Aphorismen über Predigt und Prediger, Freiburg im Br. 1888.

HETTINGER – HÜLS, Aphorismen: Franz HETTINGER, Aphorismen über Pre-digt und Prediger. Zweite Aufl., hrsg. von Peter HÜLS, Freiburg im Br. 1907.

HITZ, Redekunst: M. Febronia HITZ, Die Redekunst in Bourdaloues Pre-digt. Inaugural-Dissertation zur Erlangung der Doktorwürde der Phi-losophischen Fakultät (I. Sektion) der Ludwig-Maximilians-Universität München, München 1936.

HÖNIGSPERGER, Regole Elementari: Astrid HÖNIGSPERGER, Die *Regole Elementari della Lingua Italiana* des Basilio Puoti. Zur Geschichte der Grammatiken romanischer Sprachen, in: Romanistisches Kolloquium IV, hrsg. v. Wolfgang DAHMEN u. a. (Tübinger Beiträge zur Linguistik, 357), Tübingen 1991, S. 111–126.

HÖPGEN, Kommunionerinnerungsbild: Peter HÖPGEN, Das Kommunion-erinnerungsbild in der Predigt. Bernhard Overberg und Heinrich Na-gelschmitt als frühe Zeugen für seine Verbreitung in Westfalen und im Rheinland, in: Rheinisch-westfälische Zeitschrift für Volkskunde 32/33 (1987/88), S. [179]-193.

HÜLS, **Homiletische Rundschau II:** Peter HÜLS, Homiletische Rundschau II, in: Theologische Revue 13 (1914), Sp. 65–71.

JEDIN, **Lebensbericht:** Hubert JEDIN, Lebensbericht. Mit einem Dokumentenanhang hrsg. von Konrad REPGEN (Veröffentlichungen der Kommission für Zeitgeschichte. Reihe A, 35), Mainz 1984.

JEDIN, **Pio XI e la Germania:** Hubert JEDIN, Pio XI e la Germania, in: Pio XI nel trentesimo della morte [nähere Angaben dort], S. [565]-588.

JUNG, **Art. Bibliothekar:** R[udolf] JUNG, Art. Bibliothekar, in: LGB² 1 (1987), S. 380–381.

JUNGMANN, **Theorie:** Jungmann, Joseph, Theorie der geistlichen Beredsamkeit. Academische Vorlesungen. Zweite u. verbesserte Aufl. (Theologische Bibliothek. Zweite Serie), Freiburg im Br. 1883.

KASSIEPE, **Geleit:** Max KASSIEPE, Zum Geleit, in: PIUS XI., Ansprachen [nähere Angaben dort], S. V-VIII.

Katholische Theologen I-III: Katholische Theologen Deutschlands im 19. Jahrhundert. Hrsg. von Heinrich Fries und Georg Schwaiger. 3 Bände, München 1975.

KEPPLER, **Beiträge:** Paul Wilhelm KEPPLER, Beiträge zur Geschichte der Predigtanlage, in: Theologische Quartalschrift 74 (1892), S. [52]-120, [179]-212.

KEPPLER, BESPRECHUNG: Paul [Wilhelm] KEPPLER, Bespr. von: Franz HETTINGER, Aphorismen über Predigt und Prediger, Freiburg 1888, in: Literarische Rundschau für das kath. Deutschland 15 (1889), Sp. 7–11.

KEPPLER, **Art. Homiletik:** Paul Wilhelm KEPPLER, Art. Homiletik, in: WETZER – WELTE 6 (1889), Sp. 197–221.

KEPPLER, **Homiletische Gedanken:** Paul Wilhelm v. KEPPLER, Homiletische Gedanken und Ratschläge, Freiburg im Br. 1910.

KEPPLER, **Predigt-Zeitschriften:** Paul Wilhelm KEPPLER, Unsere Predigt-Zeitschriften, in: Literarische Rundschau für das kath. Deutschland 10 (1884), Sp. 193–200, Sp. 225–232.

KLOSTERKAMP, **Volksmission:** Thomas KLOSTERKAMP, Katholische Volksmission in Deutschland (Erfurter Theologische Studien, 83), Leipzig 2002.

KLUXEN, **Geschichtliche Erforschung:** Wolfgang KLUXEN, Die geschichtliche Erforschung der mittelalterlichen Philosophie und die Neuscholastik, in: Christliche Philosophie II (nähere Angaben dort], S. 362–389.

KRACHT – SANTONI, Kardinäle: Hans-Joachim KRACHT – Pamela SANTONI (Mitarb.), Lexikon der Kardinäle 1058–2010 in 8 Bänden, Köln seit 2012 (Libelli Rhenani, Bd. 45 [für das Gesamtwerk]).

KREFT, Pius XI. als Bibliothekar: Friedrich KREFT, Pius XI. als Bibliothekar, in: Festschrift Eugen Stollreither zum 75. Geburtstag gewidmet von Fachgenossen, Schülern, Freunden. Hrsg. v. Fritz REDENBACHER, Erlangen 1950, S. [105]-116.

KÜNZER, Lauretanische Litanei: Fr[anz] X[aver] KÜNZER, Die lauretanische Litanei, dogmatisch zur Erbauung des christlichen Volkes erklärt in einunddreißig Kanzelvorträgen, gehalten während des Mai-Monates 1860 in der Pfarrkirche zu St. Dorothea in Breslau, Regensburg (G. J. Manz) 1860.

KUSTERMANN, Art. Hettinger: Abraham Peter KUSTERMANN, Art. Hettinger, Franz Seraph, in: LThK³ 5 (1996), Sp. 77.

La Pont. Univ. Lateranense: La Pontificia Università Lateranense. Profilo della sua storia, dei suoi maestri e dei suoi discepoli, Roma 1963.

LANGENFELD, Bischöfliche Bemühungen: Michael Felix LANGENFELD, Bischöfliche Bemühungen um Weiterbildung und Kooperation des Seelsorgeklerus. Pastoralkonferenzen im deutschen Sprachraum des 19. Jahrhunderts. Eine institutionengeschichtliche Untersuchung (Römische Quartalschrift. Supplementheft 51), Rom – Freiburg – Wien 1997.

MAJO, La stampa quotidiana: Angelo Majo, La stampa quotidiana cattolica milanese. 1912–1968: le vicende de «L'Italia» (Archivio Ambrosiano, 26), Milano 1974.

MAJO, Storia della Chiesa ambrosiana: Angelo Majo, Storia della Chiesa ambrosiana. Bd. II: Dall'età comunale a Carlo Borromeo, 3ª ed. [riv.], Milano 1990; Bd. IV: Dal secondo Ottocento al card. A. C. Ferrari, 2ª edizione [riveduta], Milano 1986; Bd. V: Dal card. Achille Ratti ai giorni nostri, 2ª ed. [riv.], Milano 1986 (Nicht zitiert: Bd. I: Dalle origini a san Galdino, 3ª ed. riv, Milano 1985; Bd. III: Dalla riforma cattolica a Gaetano Gaysruck, 2ª ed. [riv.], Milano 1985.) – Genannt sind die Auflagen, die dem Verf. vorliegen.

MAYER, Necrologium Friburgense: Julius MAYER, Necrologium Friburgense 1900–1905. Verzeichnis der Priester, welche in den Jahren 1900–1905 im Gebiete und Dienste der Erzdiözese Freiburg verstorben sind, mit Angabe von Jahr und Tag der Geburt, der Priesterweihe und des Todes, der Orte ihres Wirkens, ihrer Stiftungen und literarischen Leistungen. Beitrag zur

Personalgeschichte und Statistik der Erzdiözese Freiburg, in: Freiburger Diözesan-Archiv 34 (1906), S. [1]-74.

MONTINI, **Discorsi I:** Giovanni Battista MONTINI, Discorsi e scritti milanesi (1954–1963). Edizione coordinata da Xenio TOSCANI. Testo critico a cura di Gian Enrico MANZONI [...]. 3 Bde., Brescia – Roma 1997, hier Bd.1 (1954–1957).

MÜCKSHOFF, **Predigt und Prediger:** Meinolf MÜCKSHOFF, Predigt und Prediger auf der Cathedra Paulina. Eine Studie zum Predigtwesen im Dom zu Münster (Westfalia Sacra, 8), Münster 1985.

MÜNZ, **Reminiscenzen:** Sigmund MÜNZ, Italienische Reminiscenzen und Profile, Wien 1898.

NEUBACH, **Domprediger:** Helmut NEUBACH, Der Breslauer Domprediger Franz Künzer, der Mainzer Bischof v. Ketteler und der Wormser Dom. Ein Beitrag zu den kulturellen Wechselbeziehungen zwischen Schlesien und dem Rheinland, in: Mitteilungsblatt zur rheinhessischen Landeskunde 17 (1968), S. 421–426.

NOGARA, **Musei:** Bartolomeo NOGARA, I Musei e le Gallerie Pontificie nei primi sette anni del Pontificato di Pio XI, in: Vita e Pensiero, Nuova serie – anno 15, Bd. 20 (1929), S. 450–455.

NOGARA, **Origine:** Bartolomeo NOGARA, Origine e sviluppo dei Musei e Gallerie Pontificie. Brevi appunti, Roma 1948.

NOVELLI, **Pio XI:** A[ngelo] NOVELLI, Pio XI (Achille Ratti) MDCCCLVII – MXMXXII, Milano 1923.

PANIGHETTI, **Formazione:** Luigi PANIGHETTI, Formazione e preoccupazioni pastorali del Cardinale Eugenio Tosi, in: Diocesi di Milano. Rassegna di vita e di storia ambrosiana 22 (1980), S. 540–544.

PANIZZA, **Achille Ratti:** Mario PANIZZA, Achille Ratti e i Seminari milanesi, in: Pio XI nel trentesimo della morte [nähere Angaben dort], S. [85]-105.

PANIZZA, **Card. Tosi:** Mario PANIZZA, Card. Eugenio Tosi arcivescovo di Milano (1922–1929) (Archivio Ambrosiano, 79), Milano 1998.

PASINI, **Achille Ratti bibliotecario:** Cesare PASINI, Achille Ratti bibliotecario, in: 1929–2009 Ottanta anni dello Stato della Città del Vaticano. Catalogo della mostra Città del Vaticano, Braccio di Carlo Magno 11 febbraio – 10 maggio 2009, a cura di Barbara JATTA (Studi e documenti per la storia del Palazzo Apostolico Vaticano pubblicati a cura della Biblioteca Apostolica Vaticana, 7), Città del Vaticano 2009, S. 49–62.

PASINI, Il Collegio dei Dottori: Cesare PASINI, Il Collegio dei Dottori e gli studi all'Ambrosiana sotto i prefetti Ceriani e Ratti, in: Storia dell'Ambrosiana. L'Ottocento [nähere Angaben dort], S. 77–127.

PASTOR, Tagebücher: Ludwig FREIHERR VON PASTOR, Tagebücher – Briefe – Erinnerungen, hrsg. v. Wilhelm WÜHR, Heidelberg 1950.

PERRONE II, Correnti: Benigno Francesco PERRONE, I frati minori alcantarini della Provincia di S. Pasquale Baylon nella Terra d'Otranto, cura L. DE SANTIS. 2 Bde. (Biblioteca di Cultura Pugliese, II/154 u. II/157), Galatina (LE) 2005, hier Bd. II: Correnti filosofico-teologiche, Cattedra di Sacra Eloquenza, Arte, Apostolato, Santità.

Pio XI nel trentesimo della morte: Pio XI nel trentesimo della morte (1939–1969). Raccolta di studi e di memorie, a cura del Ufficio Studi Arcivescovile di Milano, Milano 1969.

POIREL, Idee: Ralph POIREL, Die Idee des lebendigen Gottes. Franz Xaver Dieringers (1811–1876) christozentrische Offenbarungstheologie (Bonner dogmatische Studien, 50), Würzburg 2012.

REINHARDT, Art. Keppler: Rudolf REINHARDT, Art. Keppler, Paul Wilhelm von, in: GATZ, Bischöfe I, S. 371–373.

RIMOLDI, Gli studi teologici: Antonio RIMOLDI, Gli studi teologici nel Seminario di Milano durante l'episcopato del card. Andrea Carlo Ferrari (1894–1921), in: La Scuola Cattolica 108 (1980), S. [562]-599.

RIMOLDI, Le tensioni tomiste-rosminiane: Antonio RIMOLDI, Le tensioni tomiste-rosminiane a Milano dalla «Aeterni Patris» alla restaurazione della Facoltà teologica (1879–1892), in: Dalla Chiesa antica alla Chiesa moderna, a cura di Mario FOIS – Vincenzo MONACHINO – Felix LITVA. Miscellanea per il Cinquantesimo della Facoltà di Storia Ecclesiastica della Pontificia Università Gregoriana (Miscellanea Historiae Pontificiae, 50), Roma 1983, S. [427]-450.

RIMOLDI, L'Istituto di perfezionamento: Antonio RIMOLDI, L'Istituto di perfezionamento Maria Immacolata e la Facoltà Giuridica nel Seminario di Milano (Hildephonsiana, [12]), Venegono Inferiore 1973.

RODELLA, Libri e manoscritti: Massimo Rodella, Libri e manoscritti entrati in Ambrosiana tra il 1815 e il 1915, in: Storia dell'Ambrosiana III [nähere Angaben dort], S. 213–239.

SANTINI, L'eloquenza italiana I: Emilio SANTINI, L'eloquenza italiana dal Concilio tridentino ai nostri giorni. [Bd. I:] Gli oratori sacri (Biblioteca

«Sandrom» di scienze e lettere, 91), Milano – Palermo u. a. 1923 (Später folgte ein paralleler Band über die weltlichen Redner, der – obwohl der vorhergehende Band keine Zählung aufweist – als „Bd. II" bezeichnet wurde: L'eloquenza italiana dal Concilio tridentino ai nostri giorni. Bd. II: Gli oratori civili, Palermo u. a. 1928 (Biblioteca «Sandrom» etc., 118).

SCHALLER, Organum salutis: Christian SCHALLER, Organum salutis. Die Sakramentalität der Kirche im ekklesiologischen Entwurf des Würzburger Apologeten Franz Seraph Hettinger. Ein Beitrag zur Ekklesiologie des 19. Jahrhunderts (Münchener Theologische Studien, II/64), St. Ottilien 2003.

SCHATZ, Geschichte II: Klaus SCHATZ, Geschichte der deutschen Jesuiten (1814–1983). 5 Bde., hier Bd. 2 (1872–1917), Münster 2013.

SCHIERL, Tragödien: Petra SCHIERL, Die Tragödien des Pacuvius. Ein Kommentar zu den Fragmenten mit Einleitung, Text und Übersetzung, Berlin – New York 2006.

SCHLEINIGER, Muster: Nikolaus SCHLEINIGER, Muster des Predigers. Eine Auswahl rednerischer Beispiele aus dem homiletischen Schatze aller Jahrhunderte. Zum Gebrauche beim homiletischen Unterrichte und zum Privatgebrauche. 2. Aufl., Freiburg im Br. 1882.

SCHNEYER, Geschichte: Johann Baptist SCHNEYER, Geschichte der katholischen Predigt, Freiburg im Br. 1969.

SCHRATZ – BUSEMANN – PIETSCH, Repertorium: Sabine SCHRATZ – Jan Dirk BUSEMANN – Andreas PIETSCH, Systematisches Repertorium zur Buchzensur 1814–1917. Indexkongregation (Römische Inquisition u. Indexkongregation. Grundlagenforschung III: 1814–1917, hrsg. v. Hubert WOLF), Paderborn u. a. 2005.

SCHWEDT, Prosopographie: Herman H. SCHWEDT, Prosopographie von Römischer Inquisition und Indexkongregation 1814–1917, unter Mitarbeit von Tobias LAGATZ. Teilbde. A-K u. L-Z [durchlaufend paginiert] (Römische Inquisition u. Indexkongregation. Grundlagenforschung III: 1814–1917, hrsg. v. Hubert WOLF), Paderborn u. a. 2005.

SOLARO, Il seminario: Gabriella SOLARO, Il seminario di Milano nell'età della restaurazione, in: Problemi scolastici ed educativi nella Lombardia del primo ottocento. Bd. II: Irene CIPRANDI – Donatella GIGLIO – Gabriella SOLARO, L'istruzione superiore (Regione Lombardia. Biblioteca di storia lombarda moderna e contemporanea. Studi e ricerche, 12), Milano 1978, S. 7–86.

Storia dell'Ambrosiana III-IV: Storia dell'Ambrosiana. [III:] L'Ottocento, Milano 2001; [IV:] Il Novecento, Milano 2002. (Diese monumentale Bibliotheksgeschichte umfaßt auch die Bände: [I:] Il Seicento, Milano 1992; [II:] Il Settecento, Milano 2000. Die Zählung der Bände ist nicht original.)

TANNER, Bildung: Conrad TANNER, Bildung des Geistlichen durch Geistesübungen. Fünfte Auflage, neu bearbeitet und hrsg. von Athanas TSCHOPP, Einsiedeln 1846.

TOSCANI, Seminari: Xenio TOSCANI, I seminari e il clero secolare in Lombardia nei secoli XVI – XIX, in: Chiesa e società. Appunti per una storia delle diocesi lombarde, a cura di Adriano CAPRIOLI – Antonio RIMOLDI – Luciano VACCARO (Storia religiosa della Lombardia, 1), Brescia 1986, S. [215]-[262].

TREIS, Vergleichungen: Karl TREIS, Die ausgeführten Vergleichungen in Bossuets Predigten (Wissenschaftliche Beilage zum Jahresbericht der Städtischen Ober-Realschule zu Charlottenburg. Ostern 1901 = Programm Nr. 129), [Berlin-] Charlottenburg 1901.

VIAN, La «grossa guerra»: Paolo VIAN, La «grossa guerra» fra Ludwig von Pastor e Achille Ratti (1902–1903). Una contesa archivistica fra uno storico dei papi e un futuro Papa, in: Miscellanea Bibliothecae Apostolicae Vaticanae (Studi e testi, 416), Città del Vaticano 2003, S. [353]-377.

VIOLA, Della Sacra eloquenza popolare: Cesare VIOLA, Della Sacra eloquenza popolare, in: La Scuola Cattolica e la Scienza Italiana ser. 2, anno 5 (1895), Bd. 9, S. 57–64. – Benutzt wurde das Exemplar der Bayerischen Staatsbibliothek München, Sig. Ac 1788. – Das Bibliographieren dieses Titels kann Verwirrung hervorrufen, weil die genannte Zeitschrift gleichzeitig als 2. Serie der Zeitschrift *La Scuola Cattolica* gezählt und damit auch in deren durchlaufende Bandzählung einbezogen wird; als Zitation findet man in diesem Fall: La Scuola Cattolica 23 (1895) I, S. 57–64.

WALTER, Kleutgens „Ars dicendi": Peter WALTER, Joseph Kleutgens „Ars dicendi" und die rhetorische Tradition. Zugleich ein Beitrag zur Predigtausbildung im Collegium Germanicum im 19. Jahrhundert, in: Geist und Kirche. Studien zur Theologie im Umfeld der beiden Vatikanischen Konzilien. Gedenkschrift für Heribert Schauf, hrsg. v. Herbert HAMMANS – Hermann-Josef REUDENBACH – Heino SONNEMANS, Paderborn u. a. 1991, S. [359]-380.

WEBER, **Quellen u. Studien:** Christoph WEBER, Quellen und Studien zur Kurie und zur vatikanischen Politik unter Leo XIII. Mit Berücksichtigung der Beziehungen des Hl. Stuhles zu den Dreibundmächten (Bibliothek des Deutschen Historischen Instituts in Rom, Bd. 45), Tübingen 1973.

WENGER, **Als lebender Besen:** Elisabeth WENGER, Als lebender Besen im Kamin. Einer vergessenen Vergangenheit auf der Spur. Neuauflage von »I ragazzi del camino«, Norderstedt 2010.

WERNER, **Italienische Philosophie V:** Karl WERNER, Die italienische Philosophie des neunzehnten Jahrhunderts. Bd. 5: Die Selbstvermittlung des nationalen Culturgedankens in der neuzeitlichen italienischen Philosophie, Wien 1886.

ZANONI, **Scienza – Patria – Religione:** Elena ZANONI, Scienza – Patria – Religione. Antonio Stoppani e la cultura italiana dell'Ottocento, Milano 2014.

ZANOTTO, **Storia della predicazione:** Francesco ZANOTTO, Storia della predicazione nei secoli della letteratura italiana, Modena 1899.

4) Abkürzungen für allgemeine Nachschlagewerke (Speziallexika siehe unter 3.)

AKL: Saur Allgemeines Künstlerlexikon. Die Bildenden Künstler aller Zeiten und Völker, München – Leipzig seit 1992.

BBKL: Biographisch-Bibliographisches Kirchenlexikon. Begründet und hrsg. von Friedrich Wilhelm BAUTZ. Fortgeführt von Traugott BAUTZ, zunächst Hamm, jetzt Nordhausen, seit 1990.

DBI: Dizionario biografico degli Italiani, Roma, seit 1960.

DiccHist: Diccionario Histórico de la Compañía de Jesús. Biográfico-temático, dir. Charles E. O'NEILL – Joaquín M. DOMÍNGUEZ. 4 Bde [durchlaufend paginiert], Roma – Madrid 2001.

DIP: Dizionario degli Istituti di Perfezione, dir. Guerino PELLICCIA [...]. 10 Bde., Roma 1974–2003.

Diz. Chiesa ambrosiana: Dizionario della Chiesa ambrosiana. 6 Bde. [durchlaufend paginiert], Milano 1987–1994.

Grande Dizionario: Grande Dizionario UTET. Terza edizione, interamente riveduta e accresciuta. 19 Bde. u. Reg.-Bd., Torino 1966–1979, Appendici ibid. 1979–1991.

Herder[3]: Herders Konversations-Lexikon. Dritte Aufl. 11 Bde., Freiburg im Br. 1902–1922.

HLS: Historisches Lexikon der Schweiz. 13 Bde., Basel 2002–2014.

LGB[2]: Lexikon des gesamten Buchwesens. Zweite, völlig neubearbeitete Aufl. Hrsg. von Severin CORSTEN [...]. 9 Bde., Stuttgart 1987–2016.

LThK[3]: Lexikon für Theologie und Kirche. Dritte, völlig neu bearbeitete Aufl. Hrsg. von Walter KASPER [...]. 11 Bde., Freiburg u. a. 1993–2001.

LThK[2]: Lexikon für Theologie und Kirche. Zweite, völlig neu bearbeitete Aufl. [...]. Hrsg. von Josef Höfer – Karl Rahner. 10 Bde. u. Reg.-Bd., Freiburg im Br. 1957–1967.

LThK[1]: Lexikon für Theologie und Kirche. [...] hrsg. von Michael BUCHBERGER. 10 Bde., Freiburg im Br. 1930–1938.

WETZER – WELTE: Wetzer und Welte's Kirchenlexikon [...]. Zweite Auflage, in neuer Bearbeitung [...] begonnen von Joseph Cardinal HERGENRÖTHER, fortgesetzt von Franz KAULEN. 12 Bde. u. Reg.-Bd., Freiburg im Br. 1882–1903.

Zur Einrichtung der Zitate und Anmerkungen

▶ In den Literaturnachweisen wird durchgehend der Name des Autors und ein Kurztitel genannt. Die vollständigen Angaben finden sich im Verzeichnis der Quellen und der Literatur. Die Bezeichnung „ebd." wurde restriktiv und nur in ganz unmißverständlichen Fällen eingesetzt.

▶ Im Haupttext erscheinen die Nummern der Fußnoten entweder nach dem zu erläuternden Begriff oder am Ende des Satzes *vor* dem Punkt. Wenn der Punkt zu einem Zitat gehört, das in Anführungszeichen steht, oder wenn der Satz mit einem „!" oder „?" endet, steht die Nummer der Fußnote ganz am Ende nach dem Anführungs-, Ausrufe- oder Fragezeichen.

▶ Zitate aus primären oder quasi-primären Quellen sind ohne Anführungszeichen *kursiv* wiedergegeben.

▶ Zitate in deutscher Übersetzung sowie Zitate aus sekundären Quellen erscheinen in Normalschrift. Im Haupttext stehen sie in den gewohnten deutschen Anführungszeichen „...".

▶ Für die Fußnoten, in denen deutsche und italienische Sekundärzitate nebeneinander vorkommen, wurde ein differenziertes Verfahren gewählt. Die deutschen Zitate erscheinen in der gewohnten Form: „...". Da im Italienischen in der Regel hochgestellte Anführungszeichen gebraucht werden, anderseits das Nebeneinander von „..." und "..." unschön und verwirrend wirken würde, wurden die italienischen Sekundärzitate in die ebenfalls gebräuchlichen spitzen Anführungszeichen «...» gesetzt.

▶ Innerhalb der Zitate stehen Zusätze des Verf. in eckigen Klammern [ ].

▶ In allen Zitaten ist die originale Rechtschreibung beibehalten. Die Ausgabe der *Discorsi di Pio XI* von Domenico Bertetto weist auffallende Eigentümlichkeiten bei der Akzentsetzung auf, z. B. durchgehend *più* statt *più*; auch dies wurde nicht geändert.

▶ In den Zitaten erscheinen die Hervorhebungen, die im Original kursiv, gesperrt oder in Antiqua gedruckt sind, sowie die wenigen Hervorhebungen durch den Verf. in Fettdruck.

▶ Für die bibliographischen Angaben werden grundsätzlich deutsche Abkürzungen verwendet, z. B. *Bd., S., Sp.*; von Abkürzungen wie *Vol., p., col.*

wurde Abstand genommen, *Nuova serie* hingegen beibehalten. Demgemäß ist bei italienischen Titeln ist eine sprachliche Mischung nicht zu vermeiden.

▶ Die Übersetzungen stammen, wenn nicht anders vermerkt, vom Verf.

▶ Bei der Ausarbeitung des vorliegenden Beitrags hat Verf. den elektronischen «Catalogo del servizio nazionale bibliotecario SNB» nicht nur gelegentlich, sondern fast täglich zu Rate gezogen. Dort, wo dieser Katalog zitiert ist, wurde auf das Zugriffsdatum verzichtet.

In den Anmerkungen enthaltene Exkurse

Anm. 18: Giuseppe Mercalli

Anm. 174: Francesco Zanotto

Anm. 176: Bourdaloue „mit geschlossenen Augen"

Anm. 253: Achille Ratti und der Kölner Religionspädagoge Karl Oberdörfer

Einleitung: Ein Streiflicht auf Pius XI. und seine Studien

Den ersten Höhepunkt im Pontifikat Pius' XI. bildete das Heilige Jahr 1925[1]. In dessen Verlauf empfing der Papst auch zahlreiche deutschsprachige Pilgergruppen. Vor deutschen katholischen Studenten fand er am 2. Oktober 1925 das schöne Wort: *Auch Wir haben Uns fast Unser ganzes Leben mit Studieren beschäftigt, und das war gewiß der beste und freudigste Teil Unseres Lebens*[2]. Wenige Tage danach, am 9. Oktober, erinnerte er ebenfalls vor Studenten an seine mehrfachen Besuche in Deutschland, an seine freundschaftlichen Beziehungen zu deutschen Universitäten und bemerkte: *Denn Wir können keine studierende Jugend sehen, ohne an die schönen Jahre zu denken, wo Wir Unsere geliebten Studien treiben konnten*[3].

Pius XI. hat seine Reden an die Pilger gewöhnlich frei gehalten. Damit kommt das Element der Spontaneität ins Spiel; das Spontane aber wirkt besonders echt und persönlich. Daher dürfen wir die zitierten Worte als authentische Selbstcharakterisierungen auffassen.

---

1 Zu Pius XI. ist in unserem Zusammenhang besonders wichtig: Pio XI nel trentesimo della morte. – Des weiteren siehe: La sollecitudine ecclesiale di Pio XI. Alla luce delle nuove fonti archivistiche, a cura di Cosimo SEMERARO. Atti del Convegno Internazionale di Studio, Città del Vaticano, 26–28 febbraio 2009 (Pontificio Comitato di Scienze Storiche. Atti e documenti, 31), Città del Vaticano 2010. – Georg SCHWAIGER, Papsttum und Päpste im 20. Jahrhundert. Von Leo XIII. zu Johannes Paul II., München 1999, S. [193]-270 mit S. 472–489 (Lit.). – Achille Ratti / Pape Pie XI. Actes du colloque organisé par l'École française de Rome en collaboration avec l'Université de Lille III / Greco nº 2 du CNRS, l'Università degli studi di Milano, l'Università degli studi di Roma «La Sapienza», la Biblioteca Ambrosiana (Rome, 15–18 mars 1989) (Collection de l'École française de Rome, 223), Rome 1996 – Josef SCHMIDLIN, Papstgeschichte der neuesten Zeit. Bd. 4: Papsttum und Päpste im XX. Jahrhundert. Pius XI. (1922–1939), München 1939.
2 An die beiden Pilgerzüge des Cartellverbandes der katholischen deutschen Studentenverbindungen C.V.: PIUS XI., Ansprachen, S. 90–95, hier S. 91.
3 An den Pilgerzug des Kartellverbandes der katholischen deutschen Studentenvereine K.V.: PIUS XI., Ansprachen, S. 104–108, hier S. 105–106.

Ein wichtiges Zeugnis dafür, wie der Papst zu reden und zu predigen pflegte und wie er sich darauf vorbereitete, verdanken wir dem nachmaligen Kardinal Carlo Confalonieri (1893–1986); als persönlicher Sekretär hatte er Achille Ratti seit 1921 als Erzbischof von Mailand und dann als Papst aus nächster Nähe erlebt[4]. Ausgerüstet mit den auf diese Weise gewonnenen Kenntnissen, veröffentlichte er im Jahr 1957 eine Darstellung Pius' XI., die Quellenwert besitzt[5]. 1958 wurde das Buch auch ins Deutsche übersetzt[6]. Wir werden auf Confalonieris Schilderungen noch näher eingehen[7], ebenso wie auf die Zeugnisse der in Rom tätigen Deutschen[8] P. Max Kassiepe O.M.I. (1867–1948)[9], Max Bierbaum (1883–1975)[10] und Hubert Jedin (1900–1980)[11].

---

4 Confalonieri wurde 1958 zum Kardinal erhoben. Zu ihm KRACHT – SANTONI, Kardinäle III/2 (2015), S. 133–135; BRÄUER, Kardinäle, S. 343–344; Josef GELMI, Art. Confalonieri, Carlo, in: LThK³ 2 (1994), Sp. 1293; Salvatore GAROFALO, Il cardinale Carlo Confalonieri (1893–1986) (Coscienza studi, 23), Roma 1993.
5 CONFALONIERI, Pio XI.
6 CONFALONIERI deutsch. – Der Übersetzung versagen wir nicht die gebührende Anerkennung; an etlichen Stellen unserer Untersuchung wird sich aber herausstellen, daß sie für unsere Zwecke zu summarisch ist, viele Nuancen nicht berücksichtigt und manche Details ohne erkennbaren Grund ausläßt. Verf. gibt daher im Haupttext jeweils eine eigene wörtliche Übersetzung der betreffenden Passage, während die zugehörige Fußnote neben dem italienischen Originaltext auch die Übersetzung von Tschakert enthält. Auf diese Weise können sich die Leser ein eigenes Urteil bilden.
7 Siehe unser Kapitel VIII.
8 Siehe unser Kapitel VII.
9 Zu ihm KLOSTERKAMP, Volksmission, passim.
10 Zu ihm Hendrik [Umschlag: Hendrik Martin] LANGE, Max Bierbaum. Ein katholischer Theologe in der NS-Zeit (Junges Forum Geschichte, 4), Münster 2009. – Noch heute benutzt man mit Gewinn Bierbaums Biographie Pius' XI., die er nach Rattis Wahl zum Papst veröffentlicht hat. Er schrieb sie im Campo Santo Teutonico zu Rom *auf Grund eigenen Miterlebens, fremder Auskünfte und einschlägiger wissenschaftlicher Literatur*; unter seinen Gewährsleuten nennt er an erster Stelle *den früheren Mitschüler und Jugendfreund des Hl. Vaters*, Kardinal Alessandro Lualdi (1858–1927), Erzbischof von Palermo: BIERBAUM, Pius XI., S. 4–5. – In der Literatur, die auf die Studien Achille Rattis eingeht, wird Lualdi an etlichen Stellen genannt; zu ihm auch BRÄUER, Kardinäle, S. 206–207.
11 Zu ihm Konrad REPGEN, Art. Jedin, Hubert, in: LThK³ 5 (1996), Sp. 764–765; JEDIN, Lebensbericht. – Vgl. unser Kap. VII, Anm. 339 u. 340.

Das *Studieren*, von dem Pius XI. zu den deutschen Studenten gesprochen hat, erfüllte fast alle Lebensphasen des Achille Ratti und bezog sich auf unterschiedliche Gebiete[12]. Es beherrschte seine Schul- und Seminarzeit in den verschiedenen Ausbildungsstätten seiner Heimatdiözese Mailand, es beherrschte die weiterführenden Jahre in Rom[13] und die Zeit als Mailänder Seminarprofessor. Schriftliches Zeugnis seiner römischen Studien ist unter anderem ein im Manuskript vorliegendes Referat aus dem Gebiet der Rechtsgeschichte[14]. Mehr als ein halbes Jahrhundert später, im Jahr 1934, kam Pius XI. bei seiner Ansprache zum Abschluß des *Congresso giuridico internazionale* auf diese frühe Arbeit zurück[15]. Aus seiner dogmatischen Lehrtätigkeit[16] am Theologischen Seminar ging eine Studie zur Frage der Evolution hervor: „Über den Ursprung des Menschen in körperlicher Hinsicht"[17].

Hier zeigt sich auch die Neigung Rattis zum *Studieren* naturwissenschaftlicher Gegenstände. In der Zeit von 1873 bis 1875 weilte er im Seminar zu Monza und war dort Schüler des Vulkanologen und Seismologen Giuseppe Mercalli (1850–1914)[18], dessen Skala zur Bestimmung der Stärke von

---

12 Grundlegend GALBIATI, Pio XI evocato, S. [253]-335 («Bio-bibliografia di Achille Ratti dal 1857 al 1932»). – Zur raschen Orientierung auch: Cronologia biografica. – Zu Giovanni Galbiati unten Anm. 187.

13 Dazu PANIZZA, Achille Ratti, S. 93–96.

14 Das Thema lautet: *Tituli Digestorum et Codicis conformem Decretalium ordinem demonstrantes*; vgl. GALBIATI, Pio XI evocato, S. 259.

15 Vgl. die italienische Übersetzung seiner Ansprache vom 17. November 1934, in: PIO XI, Discorsi III, S. 233–237.

16 Dazu unten Anm. 22.

17 *De hominis origine quoad corpus.* Die Studie bildet ein *Scholion* in dem Werk eines älteren Seminarkollegen Rattis: Federico SALA, Institutiones positivo-scholasticae Theologiae dogmaticae. Tertia editio, Mediolani [Mailand] 1885, S. 182–196; zitiert nach GALBIATI, Pio XI evocato, S. 262; dort auch Nachweis der späteren Auflagen. – Eine inhaltliche Würdigung bietet PANIZZA, Achille Ratti, S. 98–99. – Zu Sala und seiner Dogmatik RIMOLDI, Gli studi teologici, S. 570 mit Anm. 36 und 39 sowie S. 599.

18 Vgl. PANIZZA, Achille Ratti, S. 88–89 mit S. 103. – **Exkurs zu Giuseppe Mercalli:** Zu diesem siehe Paolo GASPARINI, Art. Mercalli, Giuseppe, in: DBI 73 (2009), S. 582–585, sowie den knappen Lexikonartikel: Mercalli, Giuseppe, in: Grande Dizionario 12 (1970), S. 358, wo die Scala Mercalli abgedruckt ist. – Wichtige Ergänzungen zu seiner geistigen und politischen Position bei ZANONI, Scienza – Patria – Religione, S. 106 Anm. 84; RIMOLDI, Le tensioni tomiste-rosminiane, S. 439–440 Anm. 74. – Im Blick auf den von Zanoni und Rimoldi skizzierten

Erdbeben, die *Scala Mercalli*, in Italien bis heute nicht vergessen ist. Eine Frucht ihrer über die Zeit in Monza hinausreichenden Zusammenarbeit war Rattis historischer Katalog der Erdbeben in Italien von 1450 v. Chr. bis 1881 n. Chr.[19], der 1883 von Mercalli in seinem eigenen Werk *Vulcani e fenomeni vulcanici* – „Vulkane und vulkanische Phänomene" veröffentlicht wurde[20]. In diesem Katalog wirkten Achille Rattis historische Neigungen und seine Begabung für die Naturwissenschaften zusammen.

Weiter prägte das *Studieren* jene drei Jahrzehnte, in denen Achille Ratti als Bibliothekar an zwei Bibliotheken von Weltruf tätig war: der Ambrosiana in Mailand und der Vaticana in Rom. Dies ist genügend bekannt und braucht hier nicht näher ausgeführt zu werden[21].

Themenkreis interessiert eine Mitteilung des zeitgenössischen jüdischen Publizisten Sigmund Münz (1859–1934): *Der Kreuzzug gegen das Andenken des Philosophen* [Antonio Rosmini], *zu dem einst Alessandro Manzoni wie zu einem Lehrer aufschaute, hat schon mehrere Opfer gefordert. Ich selbst lernte in Mailand einen jungen geistlichen Naturforscher kennen, Professor Mercalli, vom Seminario Monza, einen namentlich durch seine Untersuchungen über Erdbeben, die er im Neapolitanischen und auch auf der iberischen Halbinsel anstellte, hervorragenden Gelehrten. Der Erzbischof von Mailand entsetzte ihn vor einigen Monaten seiner Stelle, weil er einen Beitrag zu einem Denkmal Rosmini's gezeichnet hatte.*: MÜNZ, Reminiscenzen, S. 140–141. – Zwei Einträge zu Mercalli enthält Herder[3] [9] = Erg.-Bd. (1910), Sp. 1009; 11 = 2. Erg.-Bd., 2. Hälfte (1922), Sp. 150. Es fällt aber auf, daß dieses zeitgenössische, betont katholische Lexikon nicht erwähnt, daß Mercalli Priester war. Ob der Grund dieses Schweigens in Mercallis Sympathien für Antonio Rosminis lag, wissen wir nicht. – Bemerkungen zur Haltung Achille Rattis in den Auseinandersetzungen um Rosmini bei CATTANEO, Achille Ratti prete, S. 111–115 (Abschnitt «Il prete liberale»).

19 Zur Autorschaft Achille Rattis und zu den Quellen, die er ausgewertet hat, GALBIATI, Pio XI evocato, S. 261.

20 Vgl. Giuseppe MERCALLI, Vulcani e fenomeni vulcanici (Geologia d'Italia, 3), Milano 1883 (dem Verf. nicht zugänglich). – Der erste Band der *Geologia d'Italia* stammt von Gaetano Negri, der zweite von Mercallis Lehrer Antonio Stoppani; zu dem Gesamtwerk siehe ZANONI, Scienza – Patria – Religione, S. 114. – Das gehaltvolle Buch von Frau Zanoni scheint in keiner deutschen Bibliothek vorhanden zu sein [Abfrage Januar 2016]; über den deutschen Leihverkehr war es jedenfalls nicht zu beschaffen. Verf. mußte es bei seiner Buchhandlung in Italien bestellen und hielt es auf diesem Weg schon nach zwei Wochen in Händen.

21 Zu Rattis literarischer Produktion während dieser Zeit siehe u. a. Angelo PAREDI, L'attività scientifica di Achille Ratti bibliotecario, in: Pio XI nel trentesimo della morte, S. [163]-175; GALBIATI, Pio XI evocato, S. 264–309 (312).

I. Kapitel: Das Lehrfach der *Sacra eloquenza* in den italienischen Diözesanseminaren während der letzten Jahrzehnte des 19. Jahrhunderts

Achille Ratti, geboren am 31. Mai 1857, wurde am 20. Dezember 1879 in Rom zum Priester geweiht. Im Herbst 1882 erhielt er am Theologischen Seminar zu Mailand – neben einem Lehrauftrag für dogmatische Theologie[22] – die ordentliche Professur der *Sacra eloquenza*, der „geistlichen Beredsamkeit" oder der „Kanzelberedsamkeit", wie man damals in Deutschland auch sagte. Diese Lehrtätigkeit endete im Jahr 1889, nachdem er 1888 in das Kollegium der Doktoren der Mailänder *Biblioteca Ambrosiana* berufen worden war.

1) Zur Situation des theologischen Unterrichts im allgemeinen

Von der damaligen Situation des wissenschaftlichen Unterrichts an den allzu zahlreichen italienischen Diözesanseminaren zeichnet namentlich Maurilio Guasco (*1939) kein günstiges Bild[23].

---

22 Über diesen Lehrauftrag läßt sich aus der vorhandenen Literatur, die sämtlich von guten Kennern der Mailänder Verhältnisse stammt, kein eindeutiges Bild gewinnen. ▶ GALBIATI, Pio XI evocato, S. 260, hat die Information, daß Ratti im November 1882 mit einem „Spezialkurs in dogmatischer Theologie" («un corso speciale di Teologia Dogmatica») betraut wurde. ▶ RIMOLDI, Gli studi teologici, S. 582 Anm. 111, bemerkt, Ratti habe ein Jahr lang Fundamentaldogmatik unterrichtet («... aveva insegnato ...anche, per un anno, dogmatica fondamentale»). ▶ PANIZZA, Achille Ratti, S. 98, gibt an, Ratti habe in den Jahren 1883 bis 1889 Dogmatik an dem *Istituto di perfezionamento Maria Immacolata* gelehrt, das seinen Sitz im Gebäude des Theologischen Seminars hatte. Zu diesem Institut siehe RIMOLDI, L'Istituto di perfezionamento; dort aber nichts über Ratti als Lehrer der Dogmatik. ▶ Hinzu kommt das Datum1885: In diesem Jahr erschien Rattis dogmatische Studie zur Evolution (siehe oben Anm. 17).

23 Vgl. GUASCO, Fermenti. – Zur Aufhebung der staatlichen theologischen Fakultäten in Italien und indirekt zur Situation der Priesterseminare auch einige

Ein erster Mangel lag in der unzulänglichen Qualifikation des Lehrpersonals. Zwar sind auch im 19. Jahrhundert noch zahlreiche Wissenschaftler auf dem Weg über das Autodidaktentum bedeutend und berühmt geworden. Laut Guasco führte dieser Weg aber bei vielen italienischen Seminarprofessoren, auch aufgrund der übergroßen Zahl der zu besetzenden Stellen, zu kläglichen Resultaten: „Der größte Teil der Professoren waren Autodidakten; der Lehrstuhl war ihnen anvertraut worden, weil sie sich während der Studienjahre in einer bestimmten Materie ausgezeichnet hatten: aber ihre Vorbildung ging über das Lehrbuch, dessen sie sich im Unterricht bedienten, nicht hinaus."[24] Ähnliche Beobachtungen führt Guasco auch für Frankreich an[25].

Als zweiten Mangel hebt er hervor, der Umstand, daß die Seminarprofessoren weitgehend nach den gleichen Grundtexten lasen, habe zu einer Nivellierung des theologischen Unterrichts geführt[26].

Der dritte Mangel war das geringe soziale Prestige der Lehrtätigkeit. Ein Indiz dafür war die unzulängliche Entlohnung der Professoren, und der Hungerlohn drückte seinerseits noch weiter auf das geringe Ansehen. Die Lehrtätigkeit im Diözesanseminar war unattraktiv und ließ die Betroffenen beständig nach besser bezahlten Stellen Ausschau halten[27]. Guasco redet

---

Hinweise bei Klaus UNTERBURGER, Vom Lehramt der Theologen zum Lehramt der Päpste? Pius XI., die Apostolische Konstitution „Deus scientiarum Dominus" und die Reform der Universitätstheologie, Freiburg – Basel – Wien 2010, S. 142–144.

24 «La maggior parte dei professori erano degli autodidatti, la cattedra era stata loro affidata perché durante gli anni di studio si erano distinti in una determinata materia: ma la loro preparazione non andava oltre al testo stesso di cui si servivano a scuola.»: GUASCO, Fermenti, S. 67.

25 Vgl. GUASCO, Fermenti, S. 58 Anm. 4 (am Ende).

26 «La carenza di un personale specializzato e colto finiva per determinare anche una grave mancanza di fantasia teologica, un adeguamento molto piatto dell'insegnamento, in quanto quasi tutti si servivano degli stessi testi, divenuti classici, che venivano periodicamente ristampati senza nessuna variante notevole.»: GUASCO, Fermenti, S. 68. – Guasco bietet auch eine Übersicht der gewöhnlich gebrauchten Lehrbücher; die Sacra eloquenza ist dabei nicht berücksichtigt; vgl. GUASCO, Fermenti, 68–71.

27 «Se poi l'importanza di un lavoro viene giudicata dallo stipendio che vi è annesso, bisognava concludere che il lavoro di questi piccoli maestri era considerato ben poco nella pubblica opinione; d'altra parte, quale scienza e quale dedizione

40

von der „sprichwörtlichen Armut der Seminarprofessoren"; sie lenkte diese
von ihrem Unterrichtsauftrag ab, hinderte sie an einer Verbesserung ihrer
eigenen Qualifikation und wirkte sich dadurch verheerend auf die Ausbildung der Kleriker aus[28]. Von der finanziellen Notlage der italienischen
Diözesen und ihrer Seminare am Vorabend der italienischen Einheit und
erst recht danach gibt Guasco ein dramatisches Bild[29].

Zur Situation des theologischen Unterrichts speziell in den Seminaren
der Erzdiözese Mailand liegen ganz im allgemeinen und auch für die zweite
Hälfte des 19. Jahrhunderts nur bruchstückhafte Erkenntnisse vor. Xenio
Toscani (*1941) hat einen Überblick über die einschlägigen Arbeiten gegeben[30]. Trotz der unbefriedigenden Forschungslage darf man annehmen,
daß der theologische Unterricht in den Seminaren der Lombardei und in
Mailand insgesamt qualitätvoller war. Dazu trug in dem Zeitraum, der uns

---

si poteva chiedere a persone che non avevano altro scopo, nella vita, che di
abbandonare l'insegnamento a cui il vescovo li aveva destinati per entrare in
possesso di un beneficio più redditizio?»: GUASCO, Fermenti, S. 58. – «Senza
redditi e con entrate scarse, i seminari erano costretti a far vivere nella povertà
tutti coloro che vi lavoravano. Gli stipendi dei professori erano irrisori, con la
conseguenza di impedire ai medesimi di fornirsi i mezzi indispensabili per un
continuo aggiornamento culturale.»: GUASCO, Fermenti, S. 93.

28 «Era proverbiale la povertà, ad esempio, dei professori di seminario, e questo
spiega la fuga verso incarichi parrocchiali retribuiti, o la tendenza a nominare
professori in seminario quanti avevano già altri impegni che procurassero loro
il necessario sostentamento. Non ci vuole molta fantasia per immaginare quali
potessero essere la preparazione e l'aggiornamento di professori che consi-
deravano l'insegnamento come un momento secondario della loro attività,
e regolavano quindi le loro presenze o assenze dalla scuola sui ritmi della
vita pastorale: le varie festività liturgiche infra-settimanali, i funerali o altri
imprevisti rappresentavano altrettante ragioni per trascurare l'insegnamento,
con conseguenze deleterie per la formazione dei chierici.»: GUASCO, Storia del
clero, S. 108.

29 «Le difficoltà maggiori erano di ordine finanziario, e molti seminari faticavano
a mantenere un tenore di vita decente. Gli edifici erano poveri e i mezzi per
migliorarli scarseggiavano. Numerose diocesi, in seguito all'incameramento dei
beni, erano rimaste prive di entrate, e non bastavano certo a mantenere un livello
sufficiente per il seminario le rette pagate dai seminaristi, spesso provenienti da
famiglie povere. [...]»: GUASCO, Storia del clero, S. 84.

30 Vgl. TOSCANI, Seminari, S. 243 sowie S. 246 Anm. 44. – Weitere Literatur in
unserer Anm. 58.

hier interessiert, nicht zuletzt das mit dem Studienjahr 1860/1861 ins Leben getretene Lombardische Kolleg (später *Pontificio Seminario Lombardo dei Santi Ambrogio e Carlo*) in Rom bei, aus welchem zahlreiche Mailänder Seminarprofessoren hervorgingen[31]: unter ihnen auch Achille Ratti. Außerdem darf die österreichische Prägung der Lombardei nicht vergessen werden. Vor der oben erwähnten finanziellen Notlage der Diözesen und Seminare und den gesetzlichen Restriktionen im dritten Viertel des Jahrhunderts blieb hingegen auch diese Region nicht verschont[32].

Maurilio Guasco hat bei seinen Schilderungen die Verhältnisse in den *italienischen* Priesterseminaren im Blick; er merkt aber an, daß auch in Frankreich Vorbildung und Lehre vieler Professoren mangelhaft waren[33]. Zum Vergleich sei auf die Einschätzung der Situation in Deutschland verwiesen, die Franz Seraph v. Hettinger (1819–1890) im Jahre 1888 gegeben hat[34].

---

31 Dazu Adriano BERNAREGGI, Il Seminario Lombardo di Roma avanti il 1870, in: Humilitas, S. 379–403 (dem Verf. nicht erreichbar; nähere Angaben zu diesem Periodikum in Anm. 58). – Mancherlei Informationen auch bei RIMOLDI, L'Istituto di perfezionamento, S. 35–37 mit S. 47; BIERBAUM, Pius XI., S. 72–73; BAUMGARTEN – DANIEL – DE WAAL, Rom, S. 628. – Noch knapper Johann DACHSBERGER – Robert LEIBER, Art. Kollegien und Seminarien in Rom, in: LThK¹ 6 (1934), Sp. 74–78, hier Sp. 77; NOVELLI, Pio XI, S. 31; Hartmann GRISAR, Art. Collegien, römische, in: WETZER-WELTE 3 (1884), Sp. 609–646, hier Sp. 639–640 Nr. 25.
32 Vgl. TOSCANI, Seminari, S. 241 mit S. 247 Anm. 90 und 91.
33 GUASCO, Fermenti, S. 65–66.
34 An der Universität Würzburg lehrte er von 1857 bis 1867 Patrologie und Einleitungswissenschaften, von 1867 bis 1884 Apologetik und Homiletik, von 1884 (*de facto* schon früher) bis 1890 Dogmatik und auch weiterhin Homiletik. Seit 1861 leitete er das homiletische Seminar. – Zu ihm SCHALLER, Organum salutis, S. 61–117 (dort eine Biographie; die homiletische Tätigkeit wird kaum und nur ungenau erwähnt); eine eindringliche Würdigung der geistigen Leistung bei BISER, Hettinger, S. 409–441. – Ferner KUSTERMANN, Art. Hettinger, mit dem Schlußurteil: „Hettingers geistiges Engagement, in einem weitgespannten und aufschlußreichen Œuvre belegt, blieb eng ultramontan begrenzt." Damit ist zu vergleichen das Resümee von HASENFUSS, Art. Hettinger: „Seine Schriften sind heute noch aktuell; besonders seine apologetischen Schriften verdienen, freilich besser religionspsychologisch und –geschichtlich unterbaut, neu zugänglich gemacht zu werden." – Siehe des weiteren HEPP, Impulse, S. 49–52 mit S. 221–222.

Exkurs A/1: Zur homiletischen Situation in Deutschland nach Franz Seraph v. Hettinger (1. Teil)

1888, also in demselben Jahr, als Achille Ratti an die Ambrosiana berufen wurde, veröffentlichte Hettinger eine Zusammenfassung seiner homiletischen Erkenntnisse und Erfahrungen. In dem aus langer Vertrautheit mit dem Gegenstand erwachsenen Buch schilderte er auch die Predigtausbildung, die er selber genossen hatte, und bemerkte dann zur Attraktivität der Homiletik wie der theologischen Lehre überhaupt: *Ob überall die rechten Männer es sind, die mit Verständniß, Liebe, Lust und vor allem aus ihrer eigenen Erfahrung heraus und durch fortgesetzte Übungen ihre Schüler in das erhabene Amt der Predigt einführen – oder ob der Unterricht in der Beredsamkeit noch an manchen Orten dem einen oder andern nur als eine lästige Zugabe aufgebürdet wird, der diese Last dann so lange trägt, bis ein Nachkommender ihn davon erlöst, wer kann dies sagen? Wird nicht von so manchem das theologische Lehramt überhaupt als eine bloße Uebergangsstufe betrachtet, nicht als eine liebgewordene Lebensaufgabe, in der unser ganzes Dichten und Trachten sich concentrirt, während selbst der Rationalist **Bretschneider** einmal von sich sagte, er wünsche sich keinen schöneren Tod als auf dem Lehrstuhle?*[35]
Diese Einschätzung Hettingers läßt also auch Mängel in der *deutschen* Priesterausbildung vermuten.

2) Zur Situation der geistlichen Beredsamkeit im besonderen

Achille Rattis Ernennung zum Professor der *Sacra eloquenza* versetzt uns in eine Zeit, in der die theologische Ausbildung an den italienischen Priesterseminaren – und nicht nur dort – von Dogmatik und Moraltheologie beherrscht war. Zu den nachgeordneten Fächern, unter die beispielsweise Bibelwissenschaft, Kirchengeschichte und Kirchenrecht fielen, gehörte auch die *Sacra eloquenza*.
In demselben Jahr 1882, in welchem Ratti an das Mailänder Theologische Seminar berufen wurde, veröffentlichte der Florentiner Geistliche Enrico Fani (1842–1916) eine Schrift, die wieder einmal eine Debatte um

---

35 HETTINGER, Aphorismen, S. 56. – Dazu KEPPLER, Besprechung; zu diesem Autor unten Anm. 157. Eine Würdigung von Hettingers Buch aus heutiger Sicht gibt BISER, Hettinger, S. 432–436.

die Reform der Priesterausbildung auslöste[36]. Das kleine Werk wurde angefeindet[37], Guascos Behauptung, es sei 1883 auf den römischen Index der verbotenen Bücher gesetzt worden, scheint aber nicht zuzutreffen[38]. Für uns ist interessant, daß Fani auch einen Kurs in geistlicher Beredsamkeit verlangte, und zwar „im Dienst der Predigttätigkeit"[39].

Andere Akzente setzte 1884 Giambattista Calosi, damals neuernannter Rektor des Seminars zu Florenz. Er befaßte sich ebenfalls mit einer Reform der Studien, erstrebte aber eine Stärkung von Dogmatik und Moraltheologie. Deshalb wollte er einige Fächer fakultativ machen und nannte in diesem Zusammenhang die höhere Mathematik und die Beredsamkeit[40].

In einem Dokument aus dem Jahr 1891 zählten die Bischöfe Liguriens, die für eine Verringerung der Studienfächer eintraten, die *Sacra eloquenza* zu den „ergänzenden Studien", die „von großem Nutzen" seien[41]. Allgemein stellt Maurilio Guasco fest, daß gegen Ende des 19. Jahrhunderts eine Reihe von Fächern „fast ganz der Verantwortlichkeit der einzelnen Seminare überlassen waren: zum Beispiel das Studium der geistlichen Beredsamkeit [...]."[42]

---

36 Enrico FANI, L'educazione del giovane clero nei seminari e i nuovi tempi, Firenze 1882 (in Deutschland elektronisch nicht nachgewiesen).

37 Dazu GUASCO, Fermenti, S. 61–63.

38 Guasco beruft sich auf die maschinenschriftliche Arbeit von F. [Franca?] RIGHINI, Fermenti di rinnovamento religioso a Firenze e crisi modernista (1880–1910). Tesi di laurea per la facoltà di Magistero dell'Università di Firenze, anno academico 1966–1967, S. 32–50, vor allem S. 47–48 (dem Verf. nicht erreichbar). – Vgl. aber SCHRATZ – BUSEMANN – PIETSCH, Repertorium, S. [615]-616: „Congregatio generalis 18. Mai 1883". Auf dieser Versammlung der Indexkongregation kam das Buch von Enrico Fani zwar zur Sprache, es wurde aber nicht indiziert. – Ein freundschaftlicher Dank geht an den Indexspezialisten Herrn Dr. Herman H. Schwedt, Salsomaggiore, der diese Interpretation bestätigte.

39 [...]; *svolgere un corso di archeologia e uno di eloquenza, in funzione della predicazione;* [...]: GUASCO, Fermenti, S. 62 Anm. 18.

40 *Rendere facoltative alcune scienze come matematica superiore, eloquenza* [...]: GUASCO, Fermenti, S. 64 Anm. 24. – Zu Calosi bietet Guasco keine biographischen Angaben.

41 *Fra gli studi complementari e secondari sono riconosciuti di molta utilità quelli di fisica e scienze naturali, ermeneutica, storia ecclesiastica, diritto canonico ed eloquenza sacra.*: GUASCO, Fermenti, S. 56 Anm. 2.

42 «Alcune materie erano poi lasciate quasi del tutto alla responsabilità dei singoli seminari: per esempio lo studio della sacra eloquenza [...]»: GUASCO, Fermenti, S. 72.

Wenn es um die Situation dieses Lehrfachs im Italien des *Ottocento* geht, müßte man auch die Ausbildungsstätten der religiösen Orden in den Blick nehmen, namentlich jener Orden, welche die Predigt als einen Schwerpunkt ihrer Tätigkeit betrachteten. Auf diesem Feld ist der Stand der Forschung insgesamt aber ebenfalls eher bruchstückhaft und unbefriedigend.

Verhältnismäßig gut sind wir über den Unterricht der *Sacra eloquenza* bei den Alkantarinern in Süditalien informiert[43], einem auf Petrus von Alcántara (1499–1562) zurückgehenden reformierten Zweig des Franziskanerordens[44]. 1838 wurde in ihrem Konvent S. Pasquale zu Neapel ein Lehrstuhl für geistliche Beredsamkeit geschaffen; erster Lektor war P. Ignazio Carbone dell'Immacolata da Bitonto[45]. Dieser ließ 1839 eine Abhandlung über die „Wichtigkeit der geistlichen Beredsamkeit" erscheinen[46]; 1842 legte er eine überarbeitete Neufassung vor[47]. Der Autor machte sich die bekannte Maxime des hl. Augustinus aus *De doctrina christiana* zu eigen: „So muß der Redner sprechen, daß er belehre, erfreue und hinlenke."[48] Nach einem Kommentar zu diesen drei Grundaufgaben des Predigers[49] stellte er in seinem Werk acht *teoremi* auf: dogmatisch-spekulative, philosophische und geistlich-aszetische Leitsätze als Hilfen für die Predigt[50]. P. Benigo Francesco Perrone hat die Predigtauffassung des P. Ignazio dell'Immacolata als Apologetik in der Nachfolge des Denis-Antoine-Luc de Frayssinous (1765–1841),

---

43 Siehe PERRONE II, Correnti, vor allem S. [57]-89.
44 Dazu Giovanni ODOARDI – Atanasio Giuseppe MATANIĆ, Art. Alcantarini, in: DIP 1 (1974), Sp. 472–478; Ulrich DOBHAN, Art. Petrus von Alcántara, in: LThK³ 8 (1999), Sp. 103.
45 Vgl. PERRONE II, Correnti, S. 9–10; 84.
46 *Importanza della sacra eloquenza*, Napoli 1839. – Eine Abb. des Titelblatts bei PERRONE II, Correnti, S. 63.
47 *Cenno sulla sacra eloquenza di teoremi utilissimi corredato per un ecclesiastico che prende l'iniziativa pel pergamo. Seconda edizione più corretta ed aumentata*, Napoli 1842. – Eine Abb. des Titelblatts bei PERRONE II, Correnti, S. 64.
48 *Ita debet Orator dicere, ut doceat, ut delectet, ut flectat.*: PERRONE II, Correnti, S. 72 mit Anm. 22. – Zu den drei Aufgaben auch WALTER, Kleutgens „Ars dicendi", S. 365 (die Trias bei Kleutgen) und S. 373 (bei Augustinus). – Zu Kleutgen und seinem Werk unten Anm. 226–227. – Zu *ut delectet* auch Anm. 171.
49 Vgl. PERRONE II, Correnti, S. 72–78.
50 Vgl. PERRONE II, Correnti, S. 78–83.

Kanzelredners zu Notre-Dame in Paris, eingeordnet[51]. Laut Perrone sind die Alkantariner in Süditalien auch in der zweiten Hälfte des Ottocento bei diesem Typus der Predigt geblieben[52].

Was schließlich die Situation der Homiletik in Deutschland betrifft, so spiegelt das Bild, das der Franz Seraph v. Hettinger gezeichnet hat, auch keinen wirklich zufriedenstellenden Zustand. Dies geht schon aus seinen bereits zitierten Äußerungen hervor; weitere Gedanken, die er darüber veröffentlicht hat, halten wir in dem folgenden Exkurs fest. Im übrigen finden wir Klagen über eine Vernachlässigung der Predigtlehre auch bei anderen bedeutenden Homiletikern der Zeit, so bei Nikolaus Schleiniger S.J. (1817–1884)[53], der *alle Priester hauptsächlich auf das Privatstudium in diesem Fache angewiesen* sah[54], und bei Joseph Jungmann S.J. (1830–1885)[55], der von einer *stiefmütterlichen Berücksichtigung* der Homiletik sprach[56].

---

51 Vgl. PERRONE II, Correnti, S. 65. – Zu dem französischen Vorbild siehe Jacques-Olivier BOUDON, Art. Frayssinous, Denis-Antoine-Luc, in: LThK³ 4 (1995), 84; SCHNEYER, Geschichte, S. 346. – Des weiteren: ZANOTTO, Storia della predicazione, S. 485–486; SANTINI, L'eloquenza italiana I, S. 215–216.– Zu dem Autor Zanotto unser Exkurs Anm. 175, zu Santini Anm. 176.

52 «Nella seconda metà dell'Ottocento per la tematica e per la metodologia i Frati Alcantarini del Salento generalmente continuarono a praticare la sacra predicazione di conio apologetico, che seguivano anche gli altri oratori sui pergami della penisola.»: PERRONE II, Correnti, S. 86; zu neuen Ansätzen in dieser Zeit ebd., S. 87.

53 Zu ihm Ferdinand STROBEL, Art. Schleiniger, Nikolaus, in: DiccHist 4 (2001), S. 3522; Werner SCHRÜFER, Art. Schl., N., in: LThK³ 9 (2000), Sp. 159. – Vgl. auch die durch Anm. 240–244 nachgewiesenen Texte.

54 Schleiniger bemängelte den *Umstand, daß heutzutage der rhetorische Unterricht, wenn wenigstens nicht bloß von Stillehre, sondern von eigentlicher Beredsamkeit die Rede ist, fast überall an den Gymnasien mangelt, und der homiletische in den Seminarien auf eine sehr beschränkte Zeit reducirt ist. Daher sind alle Priester hauptsächlich auf das Privatstudium in diesem Fache angewiesen;* [...]: SCHLEINIGER, Muster, S. [VI].

55 Zu ihm Hermann PLATZGUMMER, Art. Jungmann, Josef [sic!], in: DiccHist 3 (2001), S. 2165; Rudolf PACIK, Art. Jungmann, Joseph [sic!], in: LThK³ 5 (1996), S. 1100–1101. – Vgl. die durch Anm. 236–239 nachgewiesenen Texte.

56 Jungmann spricht von *der geringen Zahl der Stunden[,] auf die ich meine Vorlesungen beschränken muß.* Mit seinem Buch habe er *vorzugsweise das Bedürfniß derer im Auge, welche sich darauf angewiesen sehen, ganz oder doch größtentheils durch eigenes Studium sich jene practischen Grundsätze und Anschauungen*

Exkurs A/2: Die homiletische Situation in Deutschland nach Franz Seraph v. Hettinger (2. Teil)

Halten wir Umschau in deutschen und außerdeutschen Landen, so finden wir nur sehr wenige Hochschulen und höhere Lehranstalten, an denen das Fach der Homiletik einen eigenen, selbständigen Vertreter hat; meistens ist es der Professor der Pastoraltheologie, dem mit der Liturgik, Katechetik und den übrigenin derselben zum Vortrage kommenden Materien auch der homiletische Unterricht obliegt. Das ist nun an sich ganz recht; denn die Predigt bildet einen wichtigen und wesentlichen Theil des Amtes. Aber zweckmäßig ist es dennoch nicht [...]. Dem Vortrage der Pastoraltheologie wird in der Regel nur ein, höchstens noch ein zweites Semester gewidmet; erwägen wir nun den massenhaften Stoff, der hier behandelt werden soll, so folgt nothwendig, daß für die Homiletik nicht viel Zeit übrig bleibt und daher selbst beim besten Willen und größten Fleiße von Lehrer und Schüler dieses Fach doch nur sehr dürftig und mangelhaft betrieben werden kann[57].

---

zu erwerben, die sie bei der Verkündigung des Wortes Gottes in der Predigt und in der Katechese leiten müssen. Die Zahl derjenigen [,] welche sich in solcher Lage befinden, kann bei der stiefmütterlichen Berücksichtigung, mit welcher sich das Fach [,] um das es sich handelt, an den theologischen Lehranstalten fast überall noch immer begnügen muß, wohl kaum gering seyn; und das Schicksal[,] das neuestens mehrere dieser Anstalten getroffen hat, dürfte jedenfalls nicht dazu beitragen, sie zu vermindern.: JUNGMANN, Theorie, S. [VII] (dort das Vorwort zur ersten Aufl. 1877; diese selbst lag dem Verf. nicht vor).

57 HETTINGER, Aphorismen, S. [50]-51.

II. Kapitel: Chronologisches und Institutionelles zur *Sacra eloquenza* am Mailänder Theologischen Seminar in der Zeit Achille Rattis

Die Geschichte der *Sacra eloquenza* am Theologischen Seminar zu Mailand ist – wie die Geschichte dieses Seminars überhaupt – noch nicht geschrieben[58]. Was die Jahrzehnte vor Achille Rattis Wirksamkeit betrifft, so haben wir für die Zeit nach 1828 die Auskunft, über die damaligen Lehrer der Pastoraltheologie, die offensichtlich auch geistliche Beredsamkeit unterrichteten, lägen aus Mangel an gedruckten oder handschriftlichen Quellen keine Informationen vor[59].

Das genannte Forschungsdesiderat gilt auch für das Weiterbildungsinstitut (*Istituto di perfezionamento*) *Maria Immacolata*, das zu Achille Rattis Zeiten im Gebäude des Theologischen Seminars untergebracht war[60]. In diesem Institut stand die geistliche Beredsamkeit ebenfalls auf dem Lehrplan. Dazu finden sich in der Literatur einige verstreute Notizen, und da die Professoren des Instituts in der Regel zugleich am Theologischen Seminar tätig waren, fällt indirekt doch ein wenig Licht auch auf die *Sacra eloquenza* am Seminar.

---

58 In Deutschland nicht erreichbar war dem Verf. das von November 1928 bis Februar 1938 in Mailand erschienene Periodikum: Humilitas. Miscellanea storica dei seminari milanesi. – Etliche darin erschienene Arbeiten sind aufgeführt bei Apeciti, Disagio, S. 753 Anm. 42. Für die *Sacra eloquenza* scheinen sie – nach den Titeln zu urteilen – nicht ergiebig zu sein; vgl. auch oben Anm. 30 und 31.

59 «[...] nulla è stato invece possibile rintracciare [...], in mancanza di opere a stampa o manoscritte, sugli insegnanti di teologia pastorale – dal 1828 Tommaso Ravasi e poi Giuseppe Torchio – di cui pure sarebbe interessante conoscere meglio l'insegnamento, così determinante per la formazione pratica del sacerdote e soprattutto del parroco, nei suoi cruciali compiti di *predicatore*, catechista, confessore e consigliere spirituale.»: Solaro, Il seminario, S. 74–75 (Hervorhebung Rb.).

60 Zu dieser Einrichtung Rimoldi, L'Istituto di perfezionamento.

Das Institut *Maria Immacolata* begann seinen Lehrbetrieb mit dem Studienjahr 1856/1857. Die Professoren gehörten zu dieser Zeit alle der diözesanen Kongregation der Oblaten der heiligen Ambrosius und Karl an[61]. Der erste Lehrer der *Sacra eloquenza* trug den auffallenden Namen Spirito Origo[62].

Aufschlußreich sind einige Notizen zum Inhalt der homiletischen Bemühungen. Einem Bericht über das erste Semester entnehmen wir, daß im Rahmen der Studien, die allen Alumnen des Instituts gemeinsamen waren (*studi comuni*), neun Predigten des französischen Predigers Louis Bourdaloue S.J. (1632–1704) analysiert wurden[63]. Auf diesen „König der Prediger und Prediger der Könige", wie er etikettiert wurde, werden wir später zurückkommmen.

Des weiteren geht aus dem Bericht hervor, daß zwei der vier Gründungsalumnen besondere Studien im Bereich der geistlichen Beredsamkeit betrieben. Der Alumne Carlo Colombo hatte sich auf die geistliche Beredsamkeit im engeren Sinn spezialisiert und unter anderem das Buch *Audisio, Compendio di Eloquenza* studiert[64]; auch Guglielmo Audisio (1802–1882) wird uns später noch begegnen[65]. Der Alumne Giovanni Albanesi hatte sich besonders der „Missionspredigt" (*predicazione missionaria*) zugewandt, womit wohl vor allem die Predigt bei Volksmissionen gemeint war. Seine Lektüre bestand unter anderem in einem Auszug (*sunto*) der Schrift *De catechizandis rudibus* des hl. Augustinus; auch hatte er sich mit dem italienischen Volksmissionar Paolo Segneri dem Jüngeren S.J.[66] (1673–1713) beschäftigt[67].

---

61 Zu dieser Gemeinschaft unser Exkurs A nach Kapitel III, Abschnitt 3.
62 Vgl. Rimoldi, L'Istituto di perfezionamento, S. 23. – Zu Origo und zu den im Folgenden genannten Professoren hat auch Rimoldi keine oder nur wenige nähere Angaben; solche könnte man, wenn überhaupt, nur in Mailand selbst ermitteln.
63 Vgl. Rimoldi, L'Istituto di perfezionamento, S. 23. – Zu Bourdaloue unten Anm. 159, auch Anm. 164.
64 Vgl. Rimoldi, L'Istituto di perfezionamento, S. 23.
65 Vgl. unten Kapitel IV, Abschnitt 1.
66 Zu ihm Herman H. Schwedt, Art. Segneri, Paolo d. J., in: LThK³ 9 (2000), Sp. 399–400. – Charakteristiken bzw. Schilderungen seiner Predigt bei Zanotto, Storia della predicazione, S. 296–298; Santini, L'eloquenza italiana I, S. 149–153.
67 Vgl. Rimoldi, L'Istituto di perfezionamento, S. 23–24.

Für die folgenden Studienjahre finden wir bei Antonio Rimoldi (1920–2009) einige chronologische und personelle Angaben. Diese sind als Beispiele aufzufassen; wir dürfen sie also nicht in dem Sinne mißverstehen, daß die erwähnten Professoren ausschließlich in den genannten Jahren doziert hätten. Für das Studienjahr1861/1862 nennt Rimoldi als Professor der *Sacra eloquenza* den Oblaten Giovanni Crivelli[68], danach den Oblaten Giuseppe Bordoni für die Jahre 1863/1864[69], 1866/1867[70] und 1869/1870[71]. Während Bordoni am Institut *Maria Immacolata* geistliche Beredsamkeit dozierte, las er am Theologischen Seminar über andere Disziplinen[72]. Im Studienjahr 1871/1872 wurde er durch Gaetano Zocchi ersetzt; dieser trat 1873 in die Gesellschaft Jesu ein und wurde ein bekannter Prediger[73]. Im Studienjahr 1872/1873 dozierte Luigi Piattelli für die Studenten von *Maria Immacolata* zwei Stunden geistliche Beredsamkeit und drei Stunden spezielle Dogmatik[74]. Die Kombination von *Sacra eloquenza* und Dogmatik finden wir später, mit einer anderen Verteilung der Gewichte, auch bei Achille Ratti.

Damit haben wir dessen Zeit erreicht. Wir wissen, daß er als Alumne des Theologischen Seminars in den drei ersten theologischen Jahren, also in den Studienjahren 1875/76, 1876/77 und 1877/78, geistliche Beredsamkeit bei Giovanni Battista Ferrario[75] hörte; danach trat dieser Professor in den Ruhestand[76]. Den Lehrstuhl übernahm 1878 Carlo Nardi (1837–1902), der bis dahin Kirchengeschichte und biblische Exegese doziert hatte[77]. Nardi scheint den Lehrstuhl der *Sacra eloquenza* zum Ende des Studienjahres

---

68 Vgl. RIMOLDI, L'Istituto di perfezionamento, S. 26 mit S. 44 Anm. 29.
69 Vgl. RIMOLDI, L'Istituto di perfezionamento, S. 27 mit S. 44 Anm. 42.
70 Vgl. RIMOLDI, L'Istituto di perfezionamento, S.27 mit S. 44 Anm. 43.
71 Vgl. RIMOLDI, L'Istituto di perfezionamento, S. 28.
72 1863/1864 biblische Exegese und Hermeneutik, 1866/1867 Pastoraltheologie; vgl. RIMOLDI, L'Istituto di perfezionamento, S. 44 Anm. 42 und Anm. 43.
73 Vgl. RIMOLDI, L'Istituto di perfezionamento, S. 28 mit S. 45 Anm. 53.
74 Vgl. RIMOLDI, L'Istituto di perfezionamento, S. 28 mit S. 45 Anm. 54. – Piatelli war kein eigentlicher Seminarprofessor; er scheint als eine Art von „Joker" fungiert zu haben.
75 Auch zu ihm bietet die Literatur keine näheren Angaben.
76 Vgl. PANIZZA, Achille Ratti, S. 91.
77 Vgl. ebd. – Zu Nardi auch RIMOLDI, Gli studi teologici, S. 598 mit Anm. 183.

1882/83 aufgegeben zu haben[78], denn seit dem Studienjahr 1883/84 finden wir Achille Ratti als Nachfolger[79]. Dieser war schon für das Studienjahr 1882/83 an das Theologische Seminar berufen worden, allerdings zunächst als Supplent[80]. Ob er 1882/83 schon für Nardi eingesprungen ist, scheint unklar zu sein. Übrigens hinterließ Carlo Nardi bei seinem Tod 1902 der *Biblioteca Ambrosiana* eine wertvolle Büchersammlung[81].

Als Ratti die geistliche Beredsamkeit selbständig übernahm, wurde diese auf alle vier theologischen Jahre ausgedehnt und erhielt statt einer zwei Wochenstunden zugewiesen. Der Professor hatte pro Woche zwei Stunden für den ersten Theologenjahrgang zu lesen, zwei Stunden für den zweiten und den dritten gemeinsam und zwei Stunden für den vierten Jahrgang, insgesamt also sechs Stunden[82]. Mario Panizza schreibt diese Erhöhung der Stundenzahl dem jungen Professor selbst zu[83]. Mit der Art und Weise sowie dem Inhalt seiner Lehre werden wir uns im folgenden Kapitel näher beschäftigen. Im November 1888 wurde Achille Ratti an die *Biblioteca Ambrosiana* berufen. Während des Studienjahres 1888/89 führte er aber gleichzeitig die

---

78 Das genaue Ende von Nardis Professorentätigkeit scheinen auch Rimoldi nicht bekannt gewesen zu sein.

79 Vgl. PANIZZA, Achille Ratti, S. 97. – Ratti hatte nach eigener Aussage schon früh eine Kanzelrede Lacordaires kennengelernt (dazu unten der in Anm. 386 nachgewiesene Text, auch Anm. 387). Im Laufe seines Studiums hörte er, wie wir soeben sahen, die üblichen Vorlesungen in *Sacra eloquenza*. Über eine spezifische Weiterbildung als Vorbereitung auf seine homiletische Lehrtätigkeit wissen wir nichts. Wir müssen vermuten, daß er sich vieles autodidaktisch erarbeiten mußte. Vielleicht war dies auch ein Zweck der in Anm. 80 erwähnten Zeit als Supplent.

80 «Ma, dopo il soggiorno romano, insignito di tre lauree, […], veniva aggregato, per l'anno scolastico 1882–83, al corpo docente del Seminario Maggiore di Milano. Il Ratti però non appare subito impegnato in un insegnamento specifico: è solo professore supplente.»: PANIZZA, Achille Ratti, S. 96–97.

81 Vgl. RODELLA, Libri e manoscritti, S. 230 mit S. 239 Anm. 93 u. 94 (Abschnitt «Fondo Nardi»). Ob die starke Präsenz französischer Titel in Nardis Privatbibliothek vielleicht auch auf eine Beschäftigung mit der französischen Kanzelberedsamkeit hindeutet, könnte nur am Bestand selbst geprüft werden.

82 «Con lui [i. e. Ratti], dal 1883 in poi, la scuola di sacra eloquenza fu prolungata da una a due ore settimanali per tutt'e quattro i corsi teologici; solo che, mentre il primo e il quarto avevano lezioni distinte, il secondo e il terzo si riunivano insieme.»: PANIZZA, Achille Ratti, S. 97.

83 «Il piglio giovanile del nuovo professore non lo si scorge solo nel maggior numero di ore dedicato alla sua materia […]»:PANIZZA, Achille Ratti, S. 97.

Vorlesung über *Sacra eloquenza* im Seminar weiter; erst dann erfolgte seine Entpflichtung, so daß der Lehrstuhl zum Ende des Studienjahres 1888/89 vakant wurde und dies auch ein ganzes Jahr blieb[84].

Die Daten, die sich in der biographischen Literatur gewöhnlich für Rattis Homiletikprofessur finden, werden durch die vorstehende Aufstellung präzisiert. Daß er zum Studienjahr 1882/83 als Supplent an das Seminar berufen wurde, steht fest; offen bleibt, ob er schon damals oder erst im Studienjahr 1883/84 über *Sacra eloquenza* las. Als Ende seiner Lehrtätigkeit wird meistens das Jahr genannt, in welchem er an die Ambrosiana wechselte, nämlich 1888. Dies stimmt aber nicht. Auch im Studienjahr 1888/89 hat Ratti seine Homiletikprofessur noch wahrgenommen[85]; die Erinnerungen des ehemaligen Hörers P. Ottavio Marchetti, die wir im dritten Kapitel behandeln werden, beziehen sich auf eben dieses Jahr. Erst danach, also im Sommer oder Herbst 1889, endete seine Tätigkeit auf diesem Feld.

Einige wichtige Angaben zum Unterricht in der geistlichen Beredsamkeit liegen vor aus der Zeit *nach* dem Ende von Achille Rattis Lehrtätigkeit[86]. 1892 wurde im Mailänder Priesterseminar die theologische Fakultät für Mailand und alle Diözesen der Lombardei wiederhergestellt: *Pontificia Facultas Theologica Mediolanensis*. Ihre vorläufigen Statuten vom 20. September 1892 enthalten für die geistliche Beredsamkeit genaue Bestimmungen: In allen vier Jahren des eigentlichen theologischen Studiums wurden für die *Sacra eloquenza* ein bis zwei Wochenstunden vorgeschrieben, außerdem gewisse praktische Übungen. Die vier Jahre und die zwei Wochenstunden wurden also aus der Zeit übernommen, als Ratti den Lehrstuhl innehatte. Das Programm sollte in dem ursprünglich vorgesehenen fünften Studienjahr durch einige patristische Vorlesungen ergänzt werden[87]. Dieses fünfte

---

84 Vgl. Panizza, Achille Ratti, S. 99 mit S. 105 Anm. 59.

85 Im Studienjahr 1888/89 findet man Ratti auch noch unter den Professoren des Fortbildungsinstituts *Istituto di perfezionamento Maria Immacolata*, das seinen Sitz im Gebäude des Theologischen Seminars hatte; vgl. neben Panizza, Achille Ratti, S. 98, auch Rimoldi, L'Istitutuo di perfezionamento, S. 29.

86 Diese Zeit bildet den Schwerpunkt bei Rimoldi, Gli studi teologici.

87 *De Sacra Eloquentia una vel altera in singulis ordinibus per hebdomadam lectio, cui nonnullae exercitationes apte suffragentur; addita quinto anno aliqua patristica praelectione.*: Rimoldi, Gli studi teologici, S. 567.

Jahr wurde allerdings nicht in die Tat umgesetzt[88]. Demgemäß erwähnten die endgültigen Statuten der Fakultät vom 1. Februar 1897 die patristische Erweiterung der Studien nicht mehr. Die Vorlesung über *Sacra eloquenza* mit einer oder zwei Wochenstunden wurde beibehalten, jedoch mit der Einschränkung, daß sie und die zugehörigen Übungen „vor allem in den ersten Studienjahren" gehalten werden sollten[89]. Dies bedeutete, daß der Kurs auf zwei oder höchstens drei Jahre reduziert werden konnte[90].

Den Lehrstuhl der *Sacra eloquenza* hatte damals der Kanonikus Cesare Viola (1850–1921) inne, der von 1892 bis 1921 zugleich als Sekretär der Fakultät fungierte[91]. Es fällt auf, daß Viola an der Mailänder *Accademia di Belle Lettere* den Doktorgrad in Literatur und Philosophie erworben hatte, mithin eine literarische Vorbildung besaß[92]. Er eröffnete das Studienjahr 1894/1895 mit einer akademischen Rede über die „volkstümliche Beredsamkeit"[93]. Im Jahre 1909 veröffentlichte er eine Vorlesungsreihe, deren Titel in deutscher Übersetzung lautet: „Die Predigt nach den Normen des hl. Karl Borromäus in den ‚Anweisungen zur Verkündigung des Wortes Gottes'. Aus den ‚Akten der Kirche von Mailand'. Theoretisch-praktischer Kursus zum Gebrauch der Seminare"[94]. Schon der Titel läßt erkennen, daß

---

88 Vgl. RIMOLDI, Gli studi teologici, S. 568.
89 *De Sacra Eloquentia una vel altera in prioribus praesertim ordinibus per hebdomadam lectio, cui nonnullae exercitationes apte suffragentur.*: RIMOLDI, Gli studi teologici, S. 573.
90 Vgl. RIMOLDI, Gli studi teologici, S. 574.
91 Vgl. RIMOLDI, Gli studi teologici, S. 568 und S. 572 Anm. 57. – Um zu ermitteln, ob Viola nach der Vakanz des Studienjahres 1889/90 unmittelbar die Nachfolge Rattis angetreten hat, müßten Nachforschungen vor Ort angestellt werden; vgl. die von PANIZZA, Achille Ratti, und RIMOLDI, Gli studi teologici, genannten Archivalien; außerdem die von RIMOLDI, Gli studi teologici, S. 568, S. 569 Anm. 30 sowie S. 590 Anm. 143 zitierten Jahrbücher der Diözese. – Zu diesen auch RIMOLDI, L'Istituto di perfezionamento, S. 13, wo man erfährt, daß sie bis 1914 den Titel *Milano Sacro* trugen (in Deutschland elektronisch nicht nachgewiesen).
92 Vgl. RIMOLDI, Gli studi teologici, S. 572 Anm. 57.
93 VIOLA, Della Sacra eloquenza popolare (dazu in unserem Literaturverzeichnis eine bibliographische Notiz).
94 Cesare VIOLA, La predicazione secondo le norme di S. Carlo Borromeo nelle *Instructiones praedicationis Verbi Dei. Dagli Atti della Chiesa Milanese.* Corso teorico-pratico ad uso dei seminari, Milano 1909 [1908?] (in Deutschland

die Kanzelberedsamkeit in Mailand zwei Jahrzehnte nach der Lehrtätigkeit Rattis weiterhin von den Anweisungen des als Leitfigur kirchlichen Lebens geltenden heiligen Erzbischofs Carlo Borromeo (1538–1584)[95] bestimmt war. Zur gleichen Zeit publizierte Viola als Anhang auch eine „Kurze Geschichte der geistlichen Beredsamkeit"[96]. Im letzten Kapitel unserer Abhandlung werden wir auf Carlo Borromeos Anweisungen zurückkommen. Während der Lehrtätigkeit Violas gaben die lombardischen Bischöfe am 9. Juli 1907 ein „Programm der Studien in den Seminaren der Lombardei"[97] heraus; es schloß sich an das wenige Wochen zuvor erschienene „Generalprogramm" Papst Pius' X. (1835/1903–1914) für alle Seminare Italiens an[98]. Die Bischöfe schrieben die geistliche Beredsamkeit mit Patristik ohne Einschränkung für alle vier Studienjahre vor[99]. Im übrigen brachte ihr Programm für unser Fach keine wesentlichen neuen Bestimmungen[100].

---

elektronisch nicht nachgewiesen; zitiert nach dem ital. Verbundkatalog «Catalogo del servizio bibliotecario nazionale»).

95   Zu ihm Giuseppe Alberigo, Karl Borromäus. Geschichtliche Sensibilität und pastorales Engagement (Katholisches Leben und Kirchenreform im Zeitalter der Glaubensspaltung, 55), Münster 1995; Agostino Borromeo, Art. Borromäus, Karl, in: LThK[3] 2 (1994), Sp. 598–600; Schneyer, Geschichte, S. 249–250; Santini, L'eloquenza italiana I, S. 30–31; Zanotto, Storia della predicazione, S. 175–179.

96   Cesare Viola, Breve storia della sacra eloquenza. Appendice seconda al testo: La predicazione secondo le norme di S. Carlo Borromeo, Milano 1909 (in Deutschland elektronisch nicht nachgewiesen).

97   *Programma per gli studi nei Seminari di Lombardia*: Rimoldi, Gli studi teologici, S. [562].

98   Vgl. Rimoldi, Gli studi teologici, S. 574–575, 584–588.

99   [...] *sacra eloquenza e patristica – ai quattro corsi*: Rimoldi, Gli studi teologici, S. 574, auch 575.

100 «Non contengono niente di particolarmente interessante i paragrafi dedicati alla *storia ecclesiastica* ed alla *sacra eloquenza*.»: Rimoldi, Gli studi teologici, S. 588 Anm. 136.

III. Kapitel: Achille Ratti als Professor der *Sacra eloquenza* im Zeugnis von Hörern und Zeitzeugen

Antonio Rimoldi führt in seinem detailreichen Beitrag über die theologischen Studien am Mailänder Seminar eine Reihe von Vorlesungsskripten der einzelnen Professoren an, die sich in der Bibliothek des Mailänder Seminars zu Venegono Inferiore erhalten haben[101]. Achille Ratti erwähnt er nicht; von dessen homiletischer Lehrtätigkeit scheinen keine schriftlichen Unterlagen bekannt zu sein[102]. Aus diesem Grund wenden wir uns den Aussagen einiger seiner Hörer und anderer Zeitgenossen zu. Am 10. September 1964 konnte Mario Panizza einen noch lebenden früheren Studenten Rattis befragen: Monsignore Paolo Catturini, der 1889 zum Priester geweiht worden war[103]. Laut dessen Aussage machte der „jugendliche Zugriff des neuen Professors" die Vorlesung „interessant und nützlich"[104]. Das Prädikat „nützlich" dürfte bedeuten, daß Catturini beim eigenen Predigen aus Rattis Vorlesung Nutzen zu ziehen vermochte.

1) Reminiszenzen ehemaliger Studenten nach Angelo Novelli

Im Jahr 1923, nicht lange nach der Wahl Achille Rattis zum Papst, veröffentlichte der Mailänder Priester und Journalist Angelo Novelli (1880–1947) eine sehr materialreiche Biographie des neugewählten Pontifex[105].

---

101 Vgl. RIMOLDI, Gli studi teologici, passim; auch PANIZZA, Achille Ratti, S. 97.
102 Die Quellenlage scheint ähnlich zu sein wie bei den Mailänder Homiletikern nach 1828; vgl. oben Anm. 59.
103 Vgl. PANIZZA, Achille Ratti, S. 105 Anm. 52. – Nähere Angaben zu diesem hochbetagten Priester sind dort nicht mitgeteilt.
104 «Il piglio giovanile del nuovo professore non lo si scorge solo nel maggior numero di ore dedicato alla sua materia, ma anche nel modo in cui svolgeva il programma, divenuto interessante e utile, a confessione di chi gli era scolaro in quegli anni.»: PANIZZA, Achille Ratti, S. 97.
105 NOVELLI, Pio XI. – Zu dem Autor siehe Natal Maria Lugaro, Art. Novelli, Angelo (1880–1947), in: Diz. Chiesa ambrosiana 4 (1990), S. 2478–2479.

Carlo Confalonieri hat sie als „erschöpfende und nicht überholte Quelle für die Zeit vor dem Pontifikat" bezeichnet[106].

Novelli leitete damals die katholische Zeitung *L'Italia*[107]. Ein Zeitgenosse hat ihn folgendermaßen charakterisiert: „Seine gewandte Feder, ein wenig aristokratisch, ohne gekünstelt zu sein, im Dienst eines zu strengen Studien erzogenen Denkens – sein kritischer Geist – seine Fähigkeit, Menschen und Geschehnisse mit einer gewissen Objektivität zu sehen, die, wenn sie die Vorzüge hervorhob, die unvermeidlichen Fehler nicht verhüllte – machten ihn binnen kurzem den Lesern der Zeitung bekannt, die sich Artikel (*scritti*) von ihm wünschten."[108]

Enrico Cattaneo (1912–1986) bezeichnet die genannte Biographie Pius' XI. als „eine gute Quelle, weil Novelli eine lange Freundschaft mit [dem Journalisten und Politiker. Rb.] Filippo Meda unterhielt, an vielen der von ihm berichteten Tatsachen beteiligt war und eine sehr reichhaltige Sammlung von Dokumenten besaß, welche während des letzten Krieges durch Brand zerstört wurden."[109]

Auch in buchkünstlerischer Hinsicht verdient das Werk Beachtung[110].

---

106 […] *fonte esauriente e non superata del periodo pre-pontificale.*: CONFALO-NIERI, Pio XI, S. 109. – TSCHAKERT: „[…] eine unübertreffliche Fundgrube für Daten aus der Zeit vor dem Pontifikat.": CONFALONIERI deutsch, S. 104.

107 Dazu MAJO, La stampa quotidiana, Reg. *ad vocem* Novelli. – Verwunderlich, daß dieses Werk so gut wie keine biographischen Daten zu Novelli enthält.

108 «La sua penna agile, un po'aristocratica, senza essere leziosa, al servizio di un pensiero, formato a studi severi, il suo spirito critico, le capacità di vedere uomini e avvenimenti in una certa realtà obiettiva che rilevando i pregi non ne velava gli immancabili difetti, lo resero in breve noto ai lettori del giornale che ne ricercavano gli scritti.»: MAJO, La stampa quotidiana, S. 35.

109 «[…] buona fonte, perchè il Novelli ebbe lunga amicizia von Filippo Meda, partecipò a molti dei fatti da lui raccontati ed aveva una raccolta richissima di documenti, andati distrutti per incendio durante l'ultima guerra.»: CATTANEO, Achille Ratti prete, S. 157 Anm. 1.

110 Die Rahmen mit den Inhaltsangaben vor den einzelnen Kapiteln, die Kopf-leisten und Vignetten stammen von dem in Como geborenen und in Mailand verstorbenen Maler und Graphiker Giulio Císari (1892–1979); zu ihm Paola PALLOTTINO, Art. Císari, Giulio, in: AKL 19 (1998), S. 294–295. – Den Ein-band schuf der aus Triest gebürtige und in Görz (Gorizia) verstorbene Maler, Bühnenbildner und Graphiker Guido Marussig (1885–1972); zu ihm Annette WAGNER-WILKE, Art. Marussig, Pietro, in: AKL 87 (2015), S. 425–425;

Zur homiletischen Lehrtätigkeit des späteren Papstes enthält Novellis Buch wenige, aber inhaltsreiche Bemerkungen. Der Autor stützte sich auf die Aussagen ehemaliger Hörer des Professors Ratti, so daß sein Bericht Quellenwert besitzt:

„Die Geistlichen, die Schüler Rattis gewesen sind, halten ihn mit Hochschätzung in Erinnerung wegen seines Wissens, halten in Erinnerung die beispielhafte Sorgfalt, mit der er die Vorlesungen vortrug, und die ausgesuchte Höflichkeit seiner Umgangsformen: sie erinnern sich, wie er bei der Auswahl der Vorbilder geistlicher Beredsamkeit künstlerischen Geschmack bewies, indem er sie mit Vorzug den alten Quellen entnahm, deren Wert er durch gelehrte Kommentare herausstellte. Mehr als bei den äußeren Normen der Kunst des Wortes verweilte seine Lehrtätigkeit bei den Klassikern auf der Suche nach dem überströmenden Reichtum des ursprünglichen religiösen Denkens. Der Gelehrte überwog den Künstler."[111]

Mit diesen Worten umreißt Novelli eine Art von kollektivem Gedächtnis der Hörer. Diese haben, abgesehen von der „ausgesuchten Höflichkeit der Umgangsformen", mit denen er ihnen begegnete, vier Punkte in Erinnerung behalten:

▶ Erstens „sein Wissen". Diese Erinnerung klingt eher allgemein, denn natürlich ist der Lehrer den Schülern im Wissen voraus; immerhin läßt sie erkennen, daß Ratti schon kurz nach seinen Studienjahren den Hörern als ein *gelehrter* Priester erschien.

▶ Zweitens „die beispielhafte Sorgfalt, mit der er die Vorlesungen vortrug". Offensichtlich nahm Ratti seine homiletische Lehrtätigkeit ernst und bereitete sich gründlich vor.

▶ Drittens der Rückgriff auf die „alten Quellen", „deren Wert er durch gelehrte Kommentare herausstellte". Ratti scheint seine Vorlesung stark

---

dort S. 425 auch über Guido Marussig; Rossella Canuti, Art. Marussig, Guido, in: DBI 71 (2008), S. 416–419. – Alle Rahmen und der Einband sind im Druck signiert.

111 *Gli ecclesiastici che sono stati scolari del Ratti lo ricordano con stima per il suo sapere, ricordano la diligenza esemplare nel dettare le lezioni e la squisita cortesia dei modi; ricordano come egli dimostrasse gusto artistico nella scelta dei modelli di eloquenza religiosa, desumendoli di preferenza dalle fonti antiche che valorizzava con commenti eruditi. Più che ai precetti esteriori dell'arte della parola il suo magistero s'indugiava sui classici nella ricerca della richezza esuberante del primitivo pensiero religioso. L'erudito prevaleva sull'artista.*: Novelli, Pio XI, S. 36.

historisch aufgebaut zu haben. Er stellte die *Sacra eloquenza* anhand von Quellenbeispielen aus ihrer Geschichte dar, erläuterte diese vermutlich in ihrem Kontext und schlüsselte sie durch Sacherklärungen auf.

▶ Viertens die Akzentuierung mehr des religiösen Inhalts als der „äußeren Normen der Kunst des Wortes". Diese Reminiszenz charakterisiert eine Grundtendenz; sie läßt allerdings nicht erkennen, welchen Stellenwert Ratti den äußeren rhetorischen Normen genau gegeben hat[112].

2) Erinnerungen des ehemaligen Hörers P. Ottavio Marchetti S.J.

Ein wichtiges Zeugnis über Achille Ratti als Professor der geistlichen Bered-samkeit verdanken wir Ottavio Marchetti (1869–1952)[113]. Dieser stammte aus Gaëta, studierte aber am Theologischen Seminar zu Mailand und wurde am 16. April 1892 zum Priester der Erzdiözese Mailand geweiht. Bei seiner Primizmesse assistierte ihm Professor Ratti[114]. Im Studienjahr 1896/1897 lehrte Marchetti scholastische Philosophie am *Seminario-Liceo* zu Mon-za[115]. Danach trat er am 16. September 1897 in die Gesellschaft Jesu ein. In ihr wirkte er vor allem als Prediger, Exerzitienmeister und Beichtvater[116].

Marchetti berichtet über sich selbst: „Anfang November 1888 trat ich in das theologische Seminar von Mailand ein."[117] Das Studienjahr 1888/89 war aber, wie wir gesehen haben, das letzte, in welchem Achille Ratti, damals schon zur Ambrosiana übergewechselt, im Seminar über *Sacra eloquenza* las. Der spätere Jesuit hörte Ratti also zu der letztmöglichen Gelegenheit.

---

112 Zum Verhältnis von Rhetorik und geistlicher Beredsamkeit vgl. die durch Anm. 154, 223, 231, 239, 242, 244, 266 und 348 nachgewiesenen Texte und Ausführungen.

113 Zu ihm Gualberto GIACHI, Art. Marchetti, Ottavio: DiccHist 3 (2001), S. 2501; RIMOLDI, Gli studi teologici, S. 564–565 Anm. 13.

114 Vgl. CONFALONIERI, Pio XI, S. 248; CONFALONIERI deutsch, S. 232.

115 RIMOLDI, Gli studi teologici, S. 598, führt ihn als „Professor" ohne weitere Angaben auch unter den «Dottori collegiati e professori nella Facoltà Teolo-gica di Milano negli anni 1892–1921» auf.

116 Auch hatte er an der Gregoriana zu Rom von 1914 bis 1921 den neugeschaf-fenen Lehrstuhl für Aszetik und Mystik inne.

117 CONFALONIERI deutsch, S. 232. – *Agli inizi del novembre 1888 entrai nel Seminario teologico di Milano.*: CONFALONIERI, Pio XI, S. 248.

Die Erinnerungen daran hat er in einem achtseitigen Typoskript „Pius XI. Professor im Seminar" festgehalten[118].

Carlo Confalonieri bemerkt in seiner schon zitierten Schilderung Pius' XI. über den Studenten Marchetti: „P. Ottavio Marchetti aus der Gesellschaft Jesu, der als junger Student im Großen Seminar zu Mailand Ratti als Professor der Beredsamkeit gehabt hatte, hat vielleicht als einziger unter dessen Schülern von den Vorlesungen gesammelt, soviel er vermochte, und es mit großer Sorgfalt aufbewahrt. Wir geben die Eindrücke wieder, die er [d. h. Marchetti] uns freundlicherweise anvertraut hat."[119] Die Erinnerungen Confalonieris enthalten keine Quellennachweise; es ist aber so gut wie sicher, daß Marchetti ihm das erwähnte Typoskript oder wenigstens eine andere Aufzeichnung zugänglich gemacht hatte und daß die Zitate, die der ehemalige Sekretär des Papstes bringt, daraus geschöpft sind[120].

Confalonieri führt zunächst eine Reminiszenz des früheren Hörers an, welche die Häufigkeit der Vorlesungen betrifft: „Der Professor der Beredsamkeit hielt recht wenige Vorlesungen pro Jahr, denn nach der Ordnung fand nur eine in der Woche statt; aber allzuoft fiel auch diese aus dem einen oder anderen Grunde aus."[121]

---

118 Dazu PANIZZA, Achille Ratti, S. 105 Anm. 53: «Marchetti Ottavio S.J. *Pio XI professore del Seminario*. Si tratta di otto pagine dattiloscritte che contengono i ricordi della scuola di sacra eloquenza di chi fu scolaro del Ratti nel 1888–89. Sono conservate nell'Archivio della Prov. Rom. S.I. via degli Astalli, 16, Roma.»

119 *Padre Ottavio Marchetti, della Compagnia di Gesù, il quale, da giovane studente nel Seminario Maggiore di Milano ebbe il Ratti come professore di eloquenza, forse unico fra i suoi scolari raccolse quanto potè delle sue lezioni e le conservò gelosamente. Riportiamo le impressioni che benevolmente ci affidò.*: CONFALONIERI, Pio XI, S. 135. – Walter Tschakerts Übersetzung von 1958 (dazu Anm. 6) ist dort, wo es heißt: „seiner Mitstudenten", falsch: „P. Ottavio Marchetti hatte als Student des Seminario Maggiore in Mailand bei Professor Ratti Vorlesungen über Rhetorik gehört und vielleicht als einziger seiner Mitstudenten manches davon festgehalten. Wir lassen ihn selbst über seine Eindrücke berichten.": CONFALONIERI deutsch, S. 129.

120 Marchetti hat mit der Schreibmaschine noch weitere Aufzeichnungen angefertigt hat. Zwei solcher *appunti dattilografici* bei CONFALONIERI, Pio XI, S. 248; CONFALONIERI deutsch, S. 232.

121 *Le lezioni del Professore di eloquenza furono ben poche in un anno, perchè regolarmente ve n'era una sola per settimana; ma troppe volte, o per una ragione o per l'altra anche questa veniva omessa.*: CONFALONIERI, Pio XI,

Im zweiten Kapitel haben wir gesehen, daß die Zahl der Wochenstunden, als Ratti den Lehrstuhl übernahm, erhöht wurde. Für den ersten Theologen- jahrgang, zu dem auch Marchetti gehörte, las Ratti also zweistündig. Wenn Marchetti von „einer" Vorlesung spricht, so umfaßte diese *zwei* unmittelbar aufeinander folgende Stunden.

Weiter ist bei dieser Reminiszenz zu beachten, daß sie auf das Studienjahr 1888/89 zurückgeht, also auf jenes Jahr, in welchem Ratti *schon* an der Ambrosiana und *noch* am Theologischen Seminar tätig war. Warum die Vorlesung verschiedentlich ausfiel, geht aus Marchettis Aussage zwar nicht hervor, die Kollision der beiden Ämter Rattis könnte dabei aber im Spiel gewesen sein[122]. Marchettis Reminiszenz läßt sich also nicht ohne weiteres auf die vorhergehenden Jahre übertragen.

„Professors Rattis Vorlesungen waren vielleicht nicht brillant und an- ziehend, aber voll von genialen und originellen Bemerkungen, und oft waren sie von Redeproben aus italienischen und auch ausländischen Au- toren begleitet, die der Professor auf Anhieb fließend aus dem Originaltext übersetzte."[123]

Diese Reminiszenz ergänzt jene Erinnerungen, die Angelo Novelli ge- sammelt hat: daß Ratti nämlich „bei der Auswahl der Vorbilder geistlicher Beredsamkeit künstlerischen Geschmack bewies, indem er sie mit Vorzug den alten Quellen entnahm, deren Wert er durch gelehrte Kommentare herausstellte."[124] Novelli und seine Gewährsmänner stimmen mit Marchetti

---

S. 135. – TSCHAKERT: „Der Professor für Rhetorik hielt nicht viele Vorle- sungen, jede Woche nur eine, und auch diese wurde allzuoft aus diesem oder jenem Grunde abgesagt.": CONFALONIERI deutsch, S. 129.

122 PANIZZA, Achille Ratti, S. 99, gibt an, Ratti habe den Lehrstuhl aufgegeben «per i troppi impegni all'Ambrosiana».

123 *Le lezioni del professor Ratti non erano forse brillanti ed attraenti, ma erano piene di osservazioni geniali ed originali, e spesso erano accompagnate da saggi di eloquenza tratti da autori italiani ed anche esteri, che il Professore traduceva correntemente, a prima vista, dall'originale.*: CONFALONIERI, Pio XI, S. 135–136. – TSCHAKERT: „Professor Rattis Vorlesungen waren viel- leicht nicht außergewöhnlich, zeichneten sich aber durch geniale und originelle Bemerkungen aus. Er schmückte sie mit Redeproben aus italienischen und ausländischen Autoren aus, die er auf Anhieb fließend aus dem Originaltext übersetzte.": CONFALONIERI deutsch, S. 129.

124 Wie oben Anm. 111.

darin überein, daß Ratti in seiner Vorlesung Beispiele aus der *Geschichte* der Kanzelberedsamkeit darzubieten und zu erläutern pflegte. Bei den Erstgenannten liegt der Akzent darauf, daß Ratti die historischen Quellen mit „künstlerischem Geschmack" auswählte, während sich dem Gedächtnis Marchettis besonders eingeprägt hat, daß der Professor die Quellen „auf Anhieb fließend" übersetzte. Mindestens bei der Übertragung der Quellen scheint Ratti sich also keines Manuskriptes bedient zu haben.

Wertvoll sind Marchettis Erinnerungen an die Art und Weise, wie Ratti redete: „Man hätte sagen können, Ratti, der gelehrte Professor der Beredsamkeit, sei selbst nicht sehr beredt. Die Langsamkeit, mit der er sprach, das ständige Sichverbessern, um ein anderes Wort zu finden, das dem Gedanken besser entsprach, dämpften in ihm das Feuer der Rede und ließen die Meinung aufkommen, er habe Schwierigkeiten sich auszudrücken. Wenn man diese Eindrücke aber überwunden hatte, wurde seine Predigt anziehend, da sie höchst originell war."[125] Auch diese Passage deutet darauf hin, daß Ratti seine Vorlesungen frei, also ohne Manuskript gehalten hat.

Obwohl sich die Erinnerungen Marchettis auf Rattis *Vorlesungen* beziehen, verwendet er im soeben zitierten letzten Satz das Wort *predicazione*, das eher auf die Predigttätigkeit gemünzt ist. Es scheint, daß bei Marchetti Reminiszenzen aus Rattis Unterricht und solche aus dessen Predigttätigkeit ineinandergeflossen sind, denn als Beleg für die Originalität der Vorlesungen

---

125 *Si sarebbe detto che il Ratti, dotto professore di eloquenza, non fosse per conto suo molto eloquente. La lentezza con la quale parlava ed il continuo correggere la parola, per trovare quella che meglio rispondeva al pensiero, smorzavano in lui la foga del dire e facevano pensare che avesse difficoltà ad esprimersi. Ma vinte queste impressioni, la sua predicazione diventava attraente perchè originalissima.*: CONFALONIERI, Pio XI, S. 136. – TSCHAKERT: „Man hätte sagen können, der Professor der Redekunst sei selbst kein besonders guter Redner. Das langsame Sprechen, das häufige Sichverbessern, um ein anderes Wort zu finden, das seinen Gedanken besser entsprach, dämpften in ihm das Feuer der Rede und ließen beinahe den Eindruck aufkommen, die Wortwahl bereite ihm Schwierigkeiten. Störte man sich aber nicht daran, dann war seine Rede durch ihre Originalität anziehend.": CONFALONIERI deutsch, S. 129. – Zu dieser Eigenart Rattis vgl. Anm. 337 sowie die durch Anm. 351–354 nachgewiesenen Texte und Angaben.

führt er im folgenden Abschnitt die Predigten zum Monat Mai in der Ordensniederlassung des *Cenacolo*[126] an:

„Während vieler Jahre – es waren mindestens fünfundzwanzig – hielt er im Mai im *Cenacolo* von Mailand die Predigten zum ‚marianischen Monat', ohne sich jemals zu wiederholen. In einem Jahr stellte er die wenigen Worte der Allerseligsten Jungfrau Maria, die uns das Evangelium bewahrt hat, zusammen und machte sie, verteilt auf dreißig Tage, zum Gegenstand seiner Ansprachen. Ein anderes Mal erläuterte er – eine völlig neue und schwierig zu verwirklichende Idee – an jedem Tag des Monats eines der von unseren großen Meistern geschaffenen Bilder der Jungfrau und leitete daraus moralische Lehren und praktische Konsequenzen ab."[127]

Ottavio Marchetti hat zur Charakteristisierung Achille Rattis als Professor der *Sacra eloquenza* im wesentlichen also vier Elemente beigetragen:

▶ Erstens bestätigt er die Angaben bei Novelli, daß Ratti in seinen Vorlesungen Beispiele aus der Geschichte der Kanzelberedsamkeit zu Wort kommen ließ.

---

126 Näheres zum *Cenacolo* und zu Rattis Wirken dortselbst in unserem Kapitel VI. – Übrigens hat der Seminarist Marchetti im *Cenacolo* dem Hausgeistlichen Ratti oft die Messe gedient: vgl. CONFALONIERI, Pio XI, S. 248–249, auch S. [287]; CONFALONIERI deutsch, S. 232, auch S. 269.

127 *Per molti anni, venticinque almeno, predicò nel maggio il mese mariano al Cenacolo di Milano, senza mai ripetersi. Un anno raccolse le poche parole che il Vangelo ci ha conservate di Maria S[antissi]ma, e, distribuite in trenta giorni, le fece oggetto dei suoi discorsi. Un'altra volta, idea nuovissima e di difficile attuazione, in ogni giorno del mese illustrò qualche quadro della Vergine dipinto dai nostri grandi artisti, e ne trasse insegnamenti morali e conseguenze pratiche.*: CONFALONIERI, Pio XI, S. 136. – TSCHAKERT: „Mindestens fünfundzwanzig Jahre lang predigte Don Achille Ratti im Marienmonat Mai im Coenaculum von Mailand, ohne sich jemals zu wiederholen. In einem Jahr nahm er die wenigen Erwähnungen der Allerseligsten Jungfrau Maria, die uns das Evangelium überliefert, zum Gegenstand seiner Ansprachen und behandelte das Thema in dreißig Tagen. In einem anderen Jahr führte er eine völlig neue Idee durch: an jedem Tag des Monats nahm er sich eines der von unseren großen Meistern geschaffenen Marienbilder vor und knüpfte an die Besprechung moralische und praktische Belehrungen.": CONFALONIERI deutsch, S. 129. – Zu Achille Rattis / Pius' XI. Affinität zur bildenden Kunst und zu seiner Auffassung von deren katechetischer Bedeutung unten Anm. 313 u. 314.

▶ Zweitens erfahren wir, daß der Professor mindestens über weite Strecken ohne Manuskript sprach. Dies ergibt sich sowohl daraus, daß er die Quellen „auf Anhieb" übersetzte, als auch aus seiner Eigenart, bedächtig, wenn nicht geradezu stockend zu sprechen und beständig treffendere Worte zu suchen.

▶ Drittens machte sein Vortrag äußerlich überhaupt wenig Effekt, war dafür aber „originell". Dies bedeutet wohl, daß Ratti etwas Eigenes, vielleicht sogar Überraschendes zu sagen hatte.

▶ Viertens nimmt Marchetti auch Rattis Predigten als Beleg für dessen „Originalität".

3) Eugenio Tosi als Schüler Achille Rattis

Schüler des Professors Achille Ratti im weiteren Sinn sind alle jene Priester, die in den Jahren 1882/1883–1889 am Theologischen Seminar seine Vorlesungen hörten. Bei keinem von ihnen wissen wir jedoch von einem näheren Schüler-Lehrer-Verhältnis. Die große Ausnahme bildet Eugenio Tosi (1864–1929)[128]: Ihn berief der neugewählte Pius XI. aufgrund eben eines solchen Verhältnisses unverzüglich zu seinem Nachfolger als Erzbischof von Mailand, ihn erhob er rasch zum Kardinal.

Tosi war am 4. Juni 1887 zum Priester geweiht worden, müßte also – gemäß den Daten zum Studien- und Stundenplan, die wir oben ermittelt haben – in allen vier theologischen Studienjahren Ratti als Professor der *Sacra eloquenza* erlebt haben[129].

---

128 Zu ihm BRÄUER, Kardinäle, S. 255.

129 In Mario Panizzas wichtigem Werk über Tosi als Erzbischof von Mailand, das entsprechend seiner Zielsetzung dessen frühere Zeiten nur streift, finden wir allerdings die Angabe, Tosi habe im Herbst 1883 die vier Jahre des theologischen Studiums am Großen Seminar zu Mailand begonnen und in den Jahren 1884 und 1885 die Vorlesungen des Prof. Achille Ratti in geistlicher Beredsamkeit besucht: «1883 autunno: inizio del quadriennio di corsi teologici nel Seminario Maggiore di Milano. Negli anni 1884 e 1885, Eugenio Tosi frequentò le lezioni di sacra eloquenza del prof. Achille Ratti.»: PANIZZA, Card. Tosi, S. 205. Dies bringt in die Chronologie eine gewisse Unklarheit; man muß aber berücksichtigen, daß Panizza offensichtlich von den Kalenderjahren spricht, während wir bei unserer Berechnung die Studienjahre zugrunde legen.

Angelo Novelli widmete Tosi seine schon zitierte Papstbiographie. In der Dedikation bezeichnete er ihn als „Seiner Heiligkeit des glücklich regierenden Pius' XI. / Lieblingsschüler"[130]. Auch in dem Dankschreiben des Kardinals an Novelli nimmt das besondere Verhältnis zwischen Schüler und Lehrer einen wichtigen Platz ein: „[…], denn der Name Pius' XI. ist in mein Herz eingeschrieben und erinnert mich an die Weisheit des Meisters in meinen Seminarjahren, an die ausgesuchte Zuneigung in meinem Apostolat in Rho, an das Wohlwollen des Vaters, der mich dazu berief, ihm auf dem bischöflichen Stuhl von Ambrosius und Karl zu folgen."[131]

Dieser Brief Tosis entspricht den Worten, die Pius XI. selbst am 13. Dezember 1922 bei der Überreichung des Kardinalsbiretts an seinen Schüler gerichtet hatte: „Mit einem besonders väterlichen Gefühl wenden sich Unser Herz und Unser Wort an Sie, Eminenz Tosi. Ihre Anwesenheit als Purpurträger (hier) neben dem Apostolischen Lehrstuhl ruft mir in Erinnerung, wie Sie neben dem Lehrstuhl in der Schule standen; und schon damals gaben mir Ihre klare Intelligenz und Ihr liebevolles Herz Grund zu schöner Hoffnung. Wir folgten Ihnen mit dem Auge Unseres Herzens, als Sie als Oblatenmissionar von dem frommen Haus und dem lieben Heiligtum zu Rho auszogen und predigend die ganze so weite Mailänder Diözese durchwanderten, und als Sie als Generalvikar nach Pesaro [sic!], als Bischof nach Squillace und Andria gingen, von wo Wir Sie riefen, Uns auf dem (Bischofs-)Sitz von Ambrosius und Karl zu folgen, […]."[132]

---

130 *A L'EMINENTISSIMO / CARD. EUGENIO TOSI / DI S[UA] S[ANTITÀ] PIO XI F[ELICEMENTE] R[EGNANTE] / DISCEPOLO PREDILETTO / NELLA SEDE AMBROSIANA DEGNO SUCCESSORE / L'AUTORE FIGLIALMENTE / D. D.:* Novelli, Pio XI, S. [5].

131 *[…] perché il nome di Pio XI è scritto nel mio cuore e mi ricorda la sapienza del Maestro ne' miei anni di Seminario, il Suo affetto squisito nel mio apostolato a Rho, la benevolenza del Padre che mi chiamava a succedergli sulla Cattedra di Ambrogio e di Carlo.:* Novelli, Pio XI, S. [7].

132 Im Rahmen der Ansprache an die ersten sechs neuen Kardinäle seines Pontifikats: *È con un sentimento particolarmente paterno che il Nostro cuore e la Nostra parola si volgono a voi, Em.mo Tosi. La vostra presenza porporata al fianco della Cattedra Apostolica mi vi richiama al fianco della cattedra scolastica; e già allora a bene sperare m'eran ragione la limpida intelligenza ed il bel cuore. Vi seguimmo coll'occhio del cuore, quando, oblato missionario,*

Auch Carlo Confalonieri führt das so folgenreiche Lehrer-Schüler-Verhältnis zwischen Ratti und Tosi mit Einschluß von dessen Entsendung nach Mailand letzten Endes auf Rattis Unterricht in der geistlichen Beredsamkeit zurück: „In diesem Zusammenhang sei auch bemerkt, daß mit den fernen Erinnerungen an die Schule der Beredsamkeit die Ernennung seines unmittelbaren Nachfolgers auf dem Mailänder Bischofsthrone verbunden ist.“[133]

Tosis Predigttätigkeit in der Erzdiözese Mailand, auf die schon Pius XI. im Konsistorium hingewiesen hatte, wird auch von neueren Autoren hervorgehoben[134]. Mario Panizza macht darauf aufmerksam, daß Tosi für die Pastoralvisitation, die er als Erzbischof durchführte, durch seine Vergangenheit als Missionsprediger gut vorbereitet war: „Er hatte als Missionspater während einer Zeit von zwanzig Jahren den größten Teil der Pfarreien durchwandert, um mit Predigttriduen die Visitation des Kardinals Ferrari vorzubereiten.“[135] Panizza zitiert auch den späteren Kardinal Angelo

---

partendo dalla pia casa e dal caro santuario di Rho, passeggiavate predicando tutta la vastissima diocesi milanese, e quando andavate vicario generale a Pesaro, vescovo a Squillace ed a Andria, donde vi chiamavamo a succederci nella sede di Ambrogio e di Carlo, [...]: Pio XI, Discorsi I, S. 70–72, hier S. 71.

133 [...] *osserviamo qui che proprio ai lontani ricordi della scuola d'eloquenza è legata la nomina del suo immediato successore nella sede di Milano.*: Confalonieri, Pio XI, S. 136. – Tschakert: „In diesem Zusammenhang sei auch bemerkt, daß mit den Erinnerungen an die Schule der Beredsamkeit die Ernennung seines unmittelbaren Nachfolgers auf dem Mailänder Bischofsthrone verbunden ist.“: Confalonieri deutsch, S. 130.

134 So ist die Rede von Tosis „ausgedehnter und intensiver Predigttätigkeit“ – «[...] *una vasta e intensa attività di predicazione*»: Panighetti, Formazione, S. 540. – Auch dieser Autor macht darauf aufmerksam, daß Achille Ratti „Lehrer des jungen Seminaristen Eugenio während dessen theologischen Studien gewesen war und [...] im Februar 1922 wegen der Nachfolge auf dem erzbischöflichen Stuhl von Mailand unmittelbar an ihn gedacht hatte“ – «*Achille Ratti era stato docente del giovane seminarista Eugenio durante gli studi teologici e a lui [...] aveva immediatamente pensato per la successione alle sede arcivescovile di Milano, nel febbraio 1922.*»: ebd., S. 541.

135 «[...]; *aveva percorso da Padre missionario, lungo un ventennio, la più parte delle parrocchie, per preparare con tridui di predicazione la Visita del card. Ferrari.*»: Panizza, Card. Tosi, S. 66. – Zu Andrea Kard. Ferrari (1850–1921), von 1894 bis zu seinem Tod Erzbischof von Mailand, Bräuer, Kardinäle,

Dell'Acqua (1903–1972)[136], der dem Erzbischof Tosi in dessen letzten drei Lebensjahren als Sekretär zur Seite gestanden hatte[137]: Als Pater von Rho habe dieser bei ungefähr 200 Kursen für den Klerus und bei über 600 Volksmissionen gepredigt[138].

Carlo Confalonieri hebt nicht nur das Lehrer-Schüler-Verhältnis hervor, sondern teilt gleichzeitig auch etwas über die rednerischen Eigenschaften Tosis mit: „Niemals hat Pius XI. den Alumnen Eugenio Tosi vergessen, (einen Mann) des mühelosen und geistvollen Wortes, geschickt und und höchst glücklich im Schreiben, begabt mit einem ausgesuchten Geschmack in Sachen der Rede. Er hatte ihm die absolut beste Note gegeben, ihn niemals aus den Augen verloren und mit väterlichem Wohlwollen seine Predigterfolge als Missionsprediger in Rho und seine pastorale Tätigkeit als Bischof von Squillace und später von Andria verfolgt."[139]

Auch Marco Panizza hat diesen Aspekt beleuchtet; er spricht von „einer flüssigen und gewinnenden Beredsamkeit, deren Fundament gesunde, einfache

---

S.170–171; auch KRACHT – SANTONI, Kardinäle 4 (2015), S. 265–268; Michael F. FELDKAMP, Art. Ferrari, Andrea Carlo, in: LThK³ 3 (1995), Sp. 1243–1244.

136 Zu ihm: Angelo Dell'Acqua. Prete, diplomatico e cardinale; BRÄUER, Kardinäle, S. 402–403; Josef GELMI, Art. Dell'Aqua [versehentlich statt Dell'Acqua], Angelo, in: LThK³ 3 (1995), Sp. 76–77; auch KRACHT – SANTONI, Kardinäle I (2012), S. 282–283.

137 Dazu APECITI, Dell'Acqua, S. 17–63.

138 Vgl. PANIZZA, Card. Tosi, S. 189.

139 *Pio XI non aveva mai dimenticato l'alunno Eugenio Tosi, dalla parola facile, piena di brio, agile e felicissimo nello scrivere, dotato di squisito gusto oratorio. L'aveva classificato primo assoluto e non l'aveva più perduto di vista, seguendolo anzi con paterno compiacimento nei successi della predicazione come missionario di Rho e nell'attività pastorale come Vescovo di Squillace e poi di Andria.*: CONFALONIERI, Pio XI, S. 136–137. – TSCHAKERT: „Niemals hat Pius XI. den einstigen Hörer Eugenio Tosi vergessen, der ein geistreicher Redner war, eine leichte und glückliche Feder führte und mit einem ausgesuchten Geschmack in Fragen der Rhetorik begabt war. Er hatte ihm die beste Qualifikation gegeben, ihn niemals aus den Augen verloren und mit väterlichem Wohlwollen sein Wirken als Missionsprediger in Rho und seine pastorale Tätigkeit als Bischof von Squillace und später von Andria verfolgt.": CONFALONIERI deutsch, S. 130.

Ideen sind, geschöpft aus der Kraft der Kirchenväter: Er macht sie verständlich in einer allen zugänglichen Form und in einer geordneten Darstellung; dabei verwendet er, um in die Köpfe einzudringen, Beispiele und Schriftbezüge – in Nachahmung der großen Missionare von Rho, an denen er sich orientierte."[140]

Ein Zeitgenosse Tosis, Conte Vincenzo Negri da Oleggio (1887–1976)[141], notierte in den ersten Monaten nach dessen Amtsantritt in Mailand: „Er spricht nicht nur mit den Worten, sondern sein Gesicht, seine Gestik, seine ganze Person reden von seinem Herzen und seinem Empfinden; daher ist sein Sprechen eine süße, unwiderstehliche Woge, die alle mitreißt und mit ihm fortzieht."[142]

In neuerer Zeit hat Angelo Majo (1926–2006) in seiner Mailänder Diözesangeschichte ein zweifaches Verhältnis zwischen dem Professor und dem Studenten markiert: Ratti „hatte ihn im Seminar zu Mailand als Schüler der geistlichen Beredsamkeit gehabt [...] und war später sein Zuhörer gewesen, als Tosi, [mittlerweile] Missionar bei den Oblaten von Rho, die geistlichen Exerzitien für den Klerus predigte."[143] Jeder der beiden war also einmal Zuhörer des anderen gewesen.

---

140 «All'esterno si riveste di una oratoria fluida e suadente, alla cui base stanno idee sane e semplici, attinte alla robustezza dei Padri della Chiesa: egli le ammanisce in una forma accessibile a tutti e in una esposizione ordinata, servendosi, per penetrare nelle mente [!], di esempi, di riferimenti scritturistici, a imitazione dei grandi missionari di Rho, a cui egli guardava.»: PANIZZA, Card. Tosi, S. 189.

141 Dieser gelehrte Bibliophile schenkte seine Bibliothek, die auch wertvolle Handschriften umfaßt, der Mailänder Università Cattolica; dazu FOFFANO, La Biblioteca Negri da Oleggio.

142 *Egli parla non solo con le parole, ma la sua faccia, il suo gesto, tutta la sua persona dicono il suo cuore ed il su sentimento, perciò il suo parlare è un'onda dolce, irresistibile che tutti trascina e trasporta con lui.*: Tagebuchnotiz vom 14. September 1922, zitiert bei PANIZZA, Card. Tosi, S. 189–190. – Eine vollständige Edition der Tagebücher des Conte Vincenzo Negri da Oleggio wäre sehr zu wünschen.

143 «Lo aveva avuto alunno di sacra eloquenza nel seminario di Milano [...] e più tardi era stato suo uditore quando, oblato missionario di Rho, il Tosi predicava gli esercizi spirituali al clero; [...]»: MAJO, Storia della Chiesa ambrosiana V, S. 16.

Daß Achille Ratti als Predigtlehrer seinem Schüler Enrico Tosi wichtige Anregungen vermittelt hat, steht fest. In welcher Weise sich sein Unterricht aber konkret auswirkte – sei es in der intellektuellen, sei es in der emotionalen oder psychischen Sphäre –, wird man kaum noch ermitteln können.

Exkurs B: Notiz zu den „Oblaten der heiligen Ambrosius und Karl"

Schon mehrfach wurden die „Oblaten der heiligen Ambrosius und Karl" zu Rho erwähnt. Eugenio Tosi war im Jahre 1889 bei ihnen eingetreten und wirkte in dieser Gemeinschaft als Prediger, bis er 1909 als Generalvikar nach Rimini berufen wurde. Die Oblaten, eine Kongregation von Diözesanpriestern, denen auch Laien beitreten konnten, waren ursprünglich eine Gründung des Erzbischofs Carlo Borromeo; sie sind ein Charakteristikum der Kirche von Mailand[144]. Schon Carlo Borromeo hatte ihnen die Leitung der Seminare anvertraut. Nach einer Zäsur in der napoleonischen Zeit wurden sie 1854 durch Erzbischof Carlo Bartolomeo Romilli (1794–1859) wiederhergestellt und übernahmen abermals die Leitung der Seminare[145]. Außerdem wirkten sie vor allem als Prediger.

Am 25. August 1894 schloß sich auch Achille Ratti den Oblaten an[146]. Der schon erwähnte Angelo Dell'Acqua, Sekretär des Kardinalerzbischofs Tosi, trat ihnen 1926 ebenfalls bei[147].

---

144   Zu ihnen ausführlich Paolo CALLIARI, Art. Oblati dei Ss. Ambrogio e Carlo, in: DIP 6 (1980), Sp. 647–652; kurz Karl Suso FRANK, Art. Ambrosianer 2), in: LThK³ 1 (1993), Sp. 492; mehr Daten bei Christian GREINZ, Art. Ambrosianer 2), in: LThK¹ 1 (1930), Sp. 344–345, modifiziert übernommen in: LThK² 1 (1957), Sp. 424. – Ausführlich ferner [Karl] BRAUN, Art. Ambrosianer 5), in: WETZER – WELTE 1 (1882), Sp. 690–693; dieser Artikel erschien in demselben Jahr, in welchem Ratti an das Mailänder Seminar berufen wurde. Informativ auch BIERBAUM, Pius XI., S. 101–102.
145   Vgl. MAJO, Storia della Chiesa ambrosiana IV, S. 28.
146   «[...] dal 25 agosto 1894 era entrato nella Congregazione degli Oblati, e amava indicare questa sua condizione quando firmava le lettere indirizzate al card. Ferrari.»: CATTANEO, Achille Ratti prete, S. 123.
147   Vgl. die «Cronologia» in: Angelo Dell'Acqua. Prete, diplomatico e cardinale, S. 241. KRACHT – SANTONI, Kardinäle I, S. 282, geben das Jahr 1928 an.

4) Ein Selbstzeugnis Pius' XI., aufgezeichnet von Ludwig Freiherrn v. Pastor

Ein vielleicht unerwartetes Zeugnis über Ratti als Lehrer der *Sacra eloquenza* findet sich in den Tagebüchern des Ludwig Freiherrn v. Pastor (1854–1928)[148]. Der als Papsthistoriker berühmt gewordene Gelehrte und der Bibliothekar der Ambrosiana / Vaticana waren seit langem miteinander bekannt[149]. Im Jahr 1920 übernahm Ludwig v. Pastor als Gesandter die diplomatische Vertretung der Republik Österreich beim Heiligen Stuhl[150]; im Jahr 1922 wurde Achille Ratti zum Papst gewählt. Diese Ereignisse stellten das Verhältnis der beiden auf eine neue Ebene. Pius XI. empfing den Gesandten viele Male persönlich in Audienz; dessen Tagebücher geben Kunde davon. Bei den Privataudienzen kamen nicht nur politische Themen zur Sprache; der Papst, der von seiner jahrzehntelangen Tätigkeit als Bibliothekar und Historiker geprägt blieb, und der Diplomat, der weiter als Historiker arbeitete, unterhielten sich auch über wissenschaftlich-literarische und kulturelle Gegenstände[151].

---

148 Zu ihm allgemein Erwin GATZ, Art. Pastor, Ludwig Frhr. v., in: LThK³ 7 (1998), Sp. 1432–1433.

149 VIAN, La «grossa guerra», schildert die erheblichen Spannungen zwischen den beiden in den Jahren 1902/1903. Auf S. 355 bezeichnet der Autor ihr Verhältnis in der Spätzeit, die uns hier interessiert, als „idyllisch und friedfertig" – «idillico e pacifico».

150 Dazu ENGEL-JANOSI, Diplomatische Mission. – Dort S. 18 eine Äußerung des österreichischen Bundeskanzlers Ignaz Seipel (1876–1932) über v. Pastor, die sich nur im Manuskript, nicht aber in der gedruckten Fassung der Tagebücher findet: *Er ist entschieden der erfolgreichste von alles* [richtig: *allen*] *unseren Gesandten.* ENGEL-JANOSI selbst bemerkt: „Es heißt nicht ein unbedingter Lobredner des Historikers der Päpste werden, wenn man feststellt, daß die kleine um ihre Existenz ringende Republik Österreich sich in Ludwig von Pastor einer Persönlichkeit versichert hatte, deren eigenes Ansehen der Stellung und Reputation ihres Amtes merkbar zu Hilfe kam. Ja, es wird in dem damaligen diplomatischen Korps Österreichs keinen Missionschef gegeben haben, der bei der Regierung, bei der er beglaubigt war, mit solcher Autorität auftreten konnte, wie ihr Vertreter am päpstlichen Hofe.": ebd., S. 5.

151 Nach der Wahl Achille Rattis zum Papst notierte v. Pastor unter dem 7. Februar 1922 im Blick auf die vergangenen Jahrzehnte: *Von Politik haben wir nie gesprochen.*: PASTOR, Tagebücher, S. 733. – Die folgende kleine Übersicht

Unter den Konversationen solcher Art ist das Audienzgespräch vom 12. Januar 1927 für unseren Zusammenhang von besonderer Bedeutung. Ludwig v. Pastor berichtet in seinem Tagebuch: *Um 12 Uhr hatte ich Audienz bei Pius XI. Zuerst kam nur Literarisches zur Sprache, besonders über Bossuet unterhielt sich S[ein]e Heiligkeit. Der Papst erzählte, er sei Professor der Rhetorik gewesen, habe daher Bossuet besonders studiert und viele derartige Werke gelesen und gekauft. Er besitze noch heute die Werke Bossuets, Bourdaloues, Massillons und Fénelons. Als ich gegen die Größe Bossuets an seinen Gallikanismus erinnerte, sagte der Papst: „Ja, sein Kopf ist größer als sein Charakter, aber sein Rednertalent ist unvergleichlich; lesen Sie den Panegyricus auf den hl. Josef; Feineres und Schöneres kann man nicht lesen."*[152]

Diese Aufzeichnung ist im Blick auf beide Gesprächspartner aufschlußreich:

► Erstens gewinnt man den Eindruck, daß das frühe Wirken Achille Rattis als Professor der *Sacra eloquenza* dem Tagebuchschreiber nicht recht präsent gewesen war[153].

---

möge die wissenschaftlich-kulturelle Komponente der Privataudienzen dokumentieren: In den letzten anderthalb Lebensjahren v. Pastors – dieser starb am 30. September 1928 zu Innsbruck – sprachen der Papst und der Gesandte am 26. Februar 1927 u. a. über Aspekte des elften Bandes der v. Pastor'schen Papstgeschichte sowie über das Päpstliche Institut für Christliche Archäologie (ebd., S. 866), am 4. Juni über den zwölften Band und einige mit ihm zusammenhängende Fragen (ebd., S. 873–874). Während aus der Audienz vom 14. Dezember nur politische Themen bekannt sind (ebd., S. 877–878), kam am 29. Dezember die Rede u. a. auf den Dichter Pietro Metastasio (1698–1782) (ebd., S. 880). Über den Internationalen Historikerkongreß zu Oslo unterhielten sich die beiden am 9. März 1928 (ebd., S. 889). Bei der letzten Audienz am 20. Juni brachte v. Pastor u. a. *die Erwerbung des Nachlasses von Döllinger* ins Gespräch! Der Papst seinerseits lenkte die Unterredung auf die Vatikanische Bibliothek und auf den Charakter der Graphologie (ebd., S. 903–904).

152 PASTOR, Tagebücher, S. 862.
153 Auch in der Tagebucheintragung vom 7. Februar 1922 nach der Wahl des Papstes heißt es etwas vage: *Dann lehrte er 1882, nachdem er die Doktorwürde erlangt hatte, am Seminar zu Mailand und wurde 1887* [sic!] *an der Ambrosianischen Bibliothek angestellt.*: PASTOR, Tagebücher, S. 737.

▶ Zweitens ist die Bezeichnung des Lehrfaches als *Rhetorik* problematisch. Die *geistliche* Beredsamkeit griff zwar auf Elemente der klassischen Rhetorik zurück, war aber keineswegs mit ihr identisch[154].

▶ Drittens fällt das Selbstbewußtsein v. Pastors auf: Offensichtlich glaubte er, sogar den Papst darüber belehren zu müssen, daß Bossuet wegen seiner gallikanischen Anschauungen gefährlich sei[155].

▶ Viertens zeigt uns die Tagebuchnotiz Pius XI. als Büchersammler: Der Papst hat die Werke der berühmten Prediger seinerzeit nicht nur studiert, sondern auch für sich selbst erworben – und ist noch jetzt stolz darauf, sie sein eigen zu nennen[156].

▶ Fünftens – und dies ist das Wichtigste – wirft v. Pastors Eintragung ein Schlaglicht darauf, daß Achille Ratti für seine Vorlesungen in bedeutendem

---

154 Zum Verhältnis von Rhetorik und geistlicher Beredsamkeit vgl. die durch Anm. 112, 223, 231, 239, 242, 244, 266 und 348 nachgewiesenen Texte und Ausführungen.

155 Ein anderer entschiedener Gegner des Gallikanismus, der mit v. Pastor gut bekannte Kirchenhistoriker und Stiftspropst Alfons Bellesheim (1839–1912), ließ sich seinerseits den Blick für Bossuets geistige Größe und Bedeutung nicht trüben. Dafür zwei Beispiele: *Bossuet hat geirrt. Seine unter dem Einflusse des Hofes unternommene „Vertheidigung der Declaration des französischen Clerus" ist durch das Vaticanische Concil begraben worden. Dennoch besitzt er eine Reihe von Vorzügen, welche ihm eine unverlierbar ehrenvolle Stellung in der theologischen Literatur einräumen.*: BELLESHEIM, Bespr. Bossuet et la Bible, S. 554–555. – Zu Bossuets „Rede über die Einheit der Kirche" bemerkte Bellesheim, daß sie *zwar im zweiten Theile heute, nach dem Vaticanischen Concil, nicht mehr befriedigt, aber dennoch als Ganzes ein Meisterwerk für ewige Zeiten bleibt.*: BELLESHEIM, Bespr. Œuvres oratoires de Bossuet, S.178. – Zu Bellesheim siehe Hermann-Josef REUDENBACH, Stiftspropst Alfons Bellesheim (1839–1912) und das Buch. Ein Beitrag zur Kirchengeschichte und zur Geschichte der Buchkultur (Libelli Rhenani, Bd. 14), Köln 2006; Herbert LEPPER, Art. Bellesheim, Alfons, in: LThK³ 11 (2001), Sp. 21; August BRECHER, Ein Leben im Dienst der Wissenschaft und des Aachener Münsters. Stiftspropst Dr. Alfons Bellesheim 1839–1912, in: Zeitschrift des Aachener Geschichtsvereins 96 (1989), S. 209–371. Vgl. auch den Exkurs in Anm. 177.

156 Streiflichter auf Pius XI. als Büchersammler und Bücherfreund bei CONFALONIERI, Pio XI, S. 241–250 (Abschnitt *Il bibliofilo*); CONFALONIERI deutsch, S. 225–234 (Abschnitt „Der Bücherfreund").

Maß die Werke der klassischen französischen Kanzelredner[157] herangezogen hat: Jacques-Bénigne Bossuet (1627–1704)[158], Louis Bourdaloue S.J. (1632–1704)[159], Jean-Baptiste Massillon (1663–1742)[160] und François Fénelon (1651–1715)[161]. Wie er ihre Predigten oder sonstigen Werke dabei im einzelnen analysierte und kommentierte, wissen wir leider nicht. Daß er ihnen aber einen wichtigen Platz einräumte, ist sicher.

Übrigens läßt die Unterhaltung zwischen Pius XI. und Ludwig v. Pastor klar erkennen, wie hoch der Papst namentlich Bossuet als Prediger schätzte. Dies gilt nicht nur für die Zeit seines Pontifikats; wir dürfen es gewiß auch schon für seine Mailänder Jahre annehmen.

Speziell auf Bossuets Lobrede zu Ehren des hl. Josef kam Pius XI. in der Ansprache zurück, die er am 19. März 1935 (Fest des hl. Josef) anläßlich der Verlesung des Dekretes hielt, mit welchem der heroische Tugendgrad der

---

157 Die grundsätzliche Bedeutung dieser Gruppe umreißt KEPPLER, Beiträge, S. 119–120. – Über Paul Wilhelm (von) Keppler (1852–1926), seit 1883 Professor für neutestamentliche Exegese in Tübingen, seit 1889 Professor für Moral- und Pastoraltheologie ebendort, später Bischof von Rottenburg, schreibt REINHARDT, Art. Keppler: „Als Tübinger Student der Theologie erhielt er 1874 den Homiletischen Preis der Universität.": ebd., S. 371. „Als Pastoraltheologe pflegte K. besonders die Homiletik, die er meisterlich beherrschte. Für deren Kultivierung hat er, nicht zuletzt durch gedruckte Predigtsammlungen, viel getan. In diesem Punkt reichte sein Einfluß weit über Südwestdeutschland hinaus.": ebd., S. 371–372. – Kürzer Rudolf REINHARDT, Art. Keppler, Paul Wilhelm v., in: LThK³ 5 (1996), Sp. 1400–1401; des weiteren HEPP, Impulse, S. 53–60 mit S. 222–224; SCHNEYER, Geschichte, S. 342.

158 Zu ihm Peter WALTER, Jacques-Bénigne Bossuet. Standortsicherung aus dem Geist der Tradition, in: Theologen des 17. und 18. Jahrhunderts. Konfessionelles Zeitalter – Pietismus – Aufklärung, hrsg. v. Peter WALTER – Martin H. JUNG, Darmstadt 2003, S. [144]-165; Jacques LE BRUN, Art. Bossuet, Jacques-Bénigne, in: LThK³ 2 (1994), Sp. 612–613; SCHNEYER, Geschichte, S. 258–262. – Vgl. auch Anm. 177.

159 Zu ihm Ernest HENAU, Art. Bourdaloue, Louis, in: LThK³ 2 (1994), Sp. 617; SCHNEYER, Geschichte, S. 262–265. – Vgl. auch Anm. 177.

160 Zu ihm Ernest HENAU, Art. Massillon, Jean-Baptist, in: LThK³ 6 (1997), Sp. 1463; SCHNEYER, Geschichte, S. 265–266. – Vgl. auch Anm. 177.

161 Zu ihm Gerda VON BROCKHUSEN, Art. Fénelon de Salignac de la Mothe, François, in: LThK³ 3 (1995), Sp. 1231; SCHNEYER, Geschichte, S. 256, 258; KEPPLER, Beiträge, S. 182. – Vgl. auch Anm. 177.

Ehrwürdigen Dienerin Gottes Émilie de Vialar (1797–1856)[162], Gründerin des Instituts der „Schwestern von der Erscheinung des hl. Josef", erklärt wurde. Bei dieser Gelegenheit nannte er Bossuet den „ersten und höchsten Lobredner des heiligen Josef ", wobei „ersten" nicht chronologisch, sondern qualitativ zu verstehen sein dürfte. „Es sagt [schon] alles, wenn man ihn nennt: Bossuet, den Adler von Meaux, der niemals so sehr Adler war, wie wenn er vom heiligen Josef sprach. Und in der Tat weiß man: niemand hat jemals auf den unvergleichlichen Heiligen in so strahlendem Licht geschaut, und niemand hat ihn jemals unter so glücklichen Gesichtspunkten betrachtet."[163]

Mit der Hochschätzung der klassischen französischen Kanzelredner stand Achille Ratti nicht allein. Erinnern wir uns noch einmal an das Mailänder Institut *Maria Immacolata*: Einem Bericht über das erste Semester des ersten Studienjahres 1856/1857 konnten wir entnehmen, daß damals im Zuge der „allgemeinen Studien" neun Predigten von Louis Bourdaloue analysiert wurden[164].

Ein weiteres Beispiel bilden die Ratschläge des ebenfalls schon zitierten P. Ignazio Carbone dell'Immacolata[165]. In seinem *Cenno sulla sacra eloquenza*[166] empfahl er eine größere Zahl auch nichtitalienischer Autoren als Vorbilder, zur Anregung oder zur Vertiefung des Hintergrundwissens: Prediger, Dichter, Philosophen, Kirchenhistoriker, Apologeten. Unter den Predigern

---

162 Zu ihr Barbara HENZE, Art. Vialar, Émilie de, in: LThK³ 10 (2001), Sp. 758.
163 *Notevole certo, soprattutto, il fatto che la Venerabile Vialar, in ordine a San Giuseppe, si è incontrata – consapevolmente o no, si ignora – si è in contrata col primo e piú [!] alto panegirista di San Giuseppe; è tutto dire quando lo si nomina: Bossuet, l'aquila di Meaux, che mai fu tanto veramente aquila come quando parlò di San Giuseppe. E infatti è noto: nessuno ha mai guardato al Santo incomparabile in così splendida luce, e nessuno lo ha mai considerato da così felici punti di vista. La riflessione che la Venerabile Vialar ci suggerisce è quella stessa che fu di Bossuet: le grandezze di san Giuseppe comportano una immensa superiorità su tutte le altre grandezze del genere, a considerarlo dalle confidenze e dalla fiducia di cui la SS. Trinità lo ha onorato.*: PIO XI, Discorsi III, S. 286–291, hier S. 287.
164 Vgl. unsere Anm. 63.
165 Vgl. oben Kapitel I, Abschnitt 2.
166 Vgl. unsere Anm. 47.

nannte er, mit jeweils spezifischen Begründungen, Bossuet[167], Massillon[168], Fénelon[169] sowie Esprit Fléchier (1632–1710)[170], welcher in der Bemerkung Pius' XI. zu Ludwig v. Pastor fehlt (wobei offenbleibt, ob Achille Ratti nicht dennoch auch Fléchiers Werke benutzt hat). Eine besondere Erwähnung behielt P. Ignazio dell'Immacolata dem Klassiker Bourdaloue vor. Die Aufgaben des Predigers hatte er ja, dem hl. Augustinus folgend, mit den Worten *ut doceat, ut delectet, ut flectat* umschrieben[171]. Als Vorbild für den zweiten Punkt – der Redner solle „erfreuen" – führte er in erster Linie Louis Bourdaloue an, daneben auch Massillon[172].

Als drittes Beispiel nennen wir einen bedeutenden Kanzelredner, dessen letzte Lebensjahre mit Rattis Zeit als Professor (1882/1883 bis 1888/1889) genau parallel liefen. Gemeint ist Placido Maria Schiaffino O.S.B.Oliv. (1829–1889), den Leo XIII. 1885 zum Kardinal erhob, 1888 zum Präfekten der Indexkongregation und 1889 zum Bibliothekar der Hl. Römischen Kirche berief[173]. Während seiner Reifejahre in Monte Oliveto Maggiore hatte Schiaffino neben den Italienern Paolo Segneri und Adeodato Turchi namentlich die Franzosen Bossuet, Bourdaloue und Massillon studiert[174].

Schon diese wenigen Beispiele deuten an, in welchem Maß die berühmten französischen Kanzelredner sowohl den italienischen Predigtlehrern als auch den Predigern selbst gegenwärtig waren. Ihre Wirkungsgeschichte in

---

167 Vgl. PERRONE II, Correnti, S. 68–69.

168 PERRONE II, Correnti, S. 69.

169 Ebd.

170 Ebd. – Zu diesem Kanzelredner Peter STOCKMANN, Art. Fléchier, Valentin-Esprit, in: LThK³ 3 (1995), Sp. 1316; SCHNEYER, Geschichte, S. 257–258. – Vgl. auch Anm. 177.

171 Vgl. unsere Anm. 48.

172 Vgl. PERRONE II, Correnti, S. 75.

173 Vgl. BRÄUER, Kardinäle, S. 136–137; grundlegend SCHWEDT, Prosopographie. Bd. L-Z, S. 1341–1344. – Die kirchenpolitischen Aspekte von Schiaffinos Wirken hebt hervor WEBER, Quellen und Studien, S. 104–109.

174 Vgl. SANTINI, L'eloquenza italiana I, S. 304–306, hier S. 305. – Ähnlich schon ZANOTTO, Storia della predicazione, S. 511–513, hier S. 513: «S. Tommaso, S. Agostino, Segneri, mons Turchi, e *i sommi francesi* ebbero gran parte nel formarlo.» (Hervorhebung Rb.).

Italien scheint bisher allerdings nicht zusammenhängend dargestellt worden zu sein. Immerhin haben sich die beiden Historiker der italienischen Predigt, Francesco Zanotto (1839–1929)[175] und Emilio Santini (1886–1964)[176], in ihren Werken auch den französischen Klassikern gewidmet. Die Profile der

---

175 **Exkurs zu Francesco Zanotto:** Dieser war Domherr und Seminarprofessor in Treviso. 1887 – also zu der Zeit, da Achille Ratti *Sacra eloquenza* lehrte – wurde er nach Rom berufen, um dort in Sant'Apollinare an dem am 15. Januar 1886 eröffneten *Pontificio Istituto Leoniano di Alta Letteratura*, dem „Päpstlichen Leoninischen Institut für höhere Literatur", den Lehrstuhl für italienische Literatur zu übernehmen. – Zu dem Institut siehe Innocenzo PARISELLA, Il Pontificio Istituto Leoniano di Alta Letteratura. I. La fondazione del Pontificio Istituto Leoniano e il Servo di Dio Mons. Vincenzo Tarozzi, in: La Pont. Univ. Lateranense, S. 349–352. – Zu Zanotto allgemein Mariano FANTUZZO, Art. Zanotto, Francesco, in: La Pont. Univ. Lateranense, S. 355 (mit Auswahlbibliogr.). – Er wurde auch Benefiziat und später Kanonikus an St. Peter. Da Achille Ratti 1914 ebenfalls ein Kanonikat an der Vatikanischen Basilika erhielt, müssen sich die beiden spätestens zu diesem Zeitpunkt auch persönlich begegnet sein. – Als Autor trat Zanotto sowohl poetisch als auch wissenschaftlich hervor. Uns interessieren hier seine Bücher und Aufsätze zur geistlichen Beredsamkeit: ▶ *L'arte della sacra eloquenza esposta agli studenti di teologia e al giovane clero*, Modena 1891, 2ª ed. 1901, 3ª ed. 1908, 4ª ed. 1908 (in Deutschland elektronisch nicht nachgewiesen); im Titel der 3. und 4. Aufl. heißt es *giovine* statt *giovane*. ▶ *Storia della sacra eloquenza al tempo de' ss. Padri*, Modena 1897. ▶ *Storia della predicazione* (von uns häufig zitiert). Des weiteren sind aus seiner Feder nachgewiesen: ▶ *Sopra una nota caratteristica dell'oratoria*, Roma 1901. ▶ *Il beato Jacopone da Todi e un codice della Biblioteca del Capitolo vaticano*, in: *Il Crisostomo. Periodico mensuale di sacra eloquenza* 2 (1900/1901), Seitenangabe nicht ermittelt. – Diese (in Deutschland nicht vorhandene) Zeitschrift erschien von 1899 bis 1904 (?); sie wurde in Rom in der Tipografia della Pace (Cuggiani) gedruckt. Da auch das zuerst aufgeführte Opusculum (*Sopra una nota …*) bei Cuggiani erschien, stellt sich die Frage, ob es sich dabei nicht um einen Separatabdruck aus der genannten Zeitschrift handelt. – Alle bibliogr. Angaben nach dem elektronischen ital. Verbundkatalog «Catalogo del servizio bibliotecario nazionale».

176 Der Literaturhistoriker Santini lehrte an den Universitäten Messina, Cagliari und Palermo; biographische Notizen in: Studi letterari. Miscellanea in onore di Emilio Santini, Palermo 1956, [III]; ebd. IX-XV seine Bibliographie, in der sich neben *L'eloquenza italiana* etliche weitere Titel zur Geschichte der Redekunst finden.

sommi francesi, der „überragenden Franzosen", die Zanotto gezeichnet hat, scheinen uns besonders lesenswert zu sein[177].

Exkurs C: Zum Nachwirken der französischen Klassiker im deutschen Predigtwesen des 19. Jahrhunderts und zu ihrer Charakterisierung durch Franz Seraph v. Hettinger

Daß die klassischen französischen Prediger auf die deutsche Homiletik und Predigt des 19. Jahrhunderts einen bedeutenden Einfluß ausgeübt haben, dürfte feststehen, aber auch für Deutschland scheint es diesbezüglich keine zusammenhängende Darstellung zu geben[178].

---

177 Zu Bossuet SANTINI, L'eloquenza italiana I, S. 125–126; ZANOTTO, Storia della predicazione, S. 309–311.– Zu Bourdaloue SANTINI, L'eloquenza italiana I, S. 126; ZANOTTO, Storia della predicazione, S. 311–313. – Zu Massillon ZANOTTO, Storia della predicazione, S. 367–369; über seine Wirkungen in Italien SANTINI, L'eloquenza italiana I, S. 200–204, 218. – Zu Fléchier ZANOTTO, Storia della predicazione, S. 364–365. – Zu Fénelon ZANOTTO, Storia della predicazione, S. 365–367. – Exkurs zu Bourdaloue „mit geschlossenen Augen": In seinem 1923 erschienen Buch folgt Santini der Anschauung, Bourdaloue habe mit geschlossenen Augen gepredigt, um sich zu konzentrieren und die Arbeit des Gedächtnisses zu unterstützen: «con gli occhi chiusi per aiutare la memoria che lavora per richiamarsi il seguito del discorso imparato a mente».: S. 126. – Allerdings hatte schon im Jahre 1900 P. Henri Chérot S.J. eine Zeichnung besprochen, welche am Leichnam des mit geschlossenen Augen daliegenden Predigers entstanden war. Dieses Bildnis des toten Bourdaloue hatte dann auf den Bildnistyp eingewirkt, der ihn auch als Lebenden „mit geschlossenen Augen" darstellte. Vgl. BELLESHEIM, Bourdaloue's Bildniß. – Bellesheim, selber ein begabter Prediger, kleidete die Streitfrage in die zeittypische Formulierung: *Hat Bourdaloue mit geschlossenen Augen gepredigt?*, und kommentierte: *eine Frage, an der kein Kanzelredner, der es ehrlich mit seinem Berufe meint und der oratorische Wirkung zu erzeugen wünscht, theilnahmslos vorübergehen darf.*: BELLESHEIM, Bourdaloue's Bildniß, S. 139. – Die Frage spielt auch eine Rolle in BELLESHEIM, Neueste Bourdaloue-Literatur, S. 350–353.

178 Zur deutschen Predigt im ausgehenden 18. und frühen 19. Jahrhundert bemerkt Keppler: *Sodann aber begegnen wir einer stattlichen Reihe von Predigern, welche die Schulung durch die großen französischen Meister verraten und in wirklich musterhafter Weise die thematische Methode ausbilden.*: KEPPLER, Beiträge, S.192. – Im folgenden einige Notizen zur Wirkungsgeschichte der *großen französischen Meister.* ▶ Laut SCHNEYER, Geschichte,

Exemplarisch führen wir zwei zeitgenössische Schlaglichter vor, welche von dem schon zitierten Alfons Bellesheim stammen. Dieser formulierte 1897 – also ein Jahrzehnt nach Rattis Vorlesungstätigkeit – seine Einschätzung, daß die oratorischen Werke Bossuets *stets eine Fundgrube solidesten Materials für den Kanzelredner bilden werden*[179]. Seine besondere Liebe galt Bourdaloue. In einem Literaturbericht bemerkte er 1902: *Unsere jungen Theologen wünsche ich auf Kapitel 6 „die rednerische Haltung Bourdaloue's" dringend aufmerksam zu machen. Ist unsere Zeit auch verschieden von derjenigen Bourdaloue's in ihren Anschauungen, Bestrebungen und Forderungen an den Kanzelredner, dann bleiben die großen Meister der Beredsamkeit, unter denen Bourdaloue eine der ersten Stellen einnimmt, doch die Muster, denen wir nacheifern sollen [...]*[180].

S. 336, war Bourdaloue ein Vorbild für den Mainzer Bischof Wilhelm Emmanuel Freiherrn v. Ketteler (1811–1877). ▶ Ein Hinweis auf „die klassischen französischen Prediger" als Vorbilder des Münchner Dompredigers und nachmaligen Bischofs von Speyer, Joseph Georg v. Ehrler (1832–1905), bei SCHNEYER, Geschichte, S. 337. ▶ An der Wende vom 19. zum 20. Jahrhundert gab Josef Drammer (1851–1921), Pfarrer in der Erzdiözese Köln, durch seine Übersetzung von Marien- und Fastenpredigten Bossuets dessen Rezeption in Deutschland nochmals neue Anstöße; vgl. BRECHER, Drammer, S. 376 u. 395. ▶ Eine bemerkenswerte Verbreitung, die bis heute in den deutschen Bibliotheken feststellbar ist, fand die 1901 veröffentlichte Schulprogrammschrift von TREIS, Vergleichungen; der Autor scheint vom Fach her romanischer Philologe gewesen zu sein. ▶ Daß der Münsteraner Domprediger Peter Hüls (1850–1918) in Bourdaloue „seinen Meister" erkannte, berichtet MÜCKSHOFF, Predigt und Prediger, S. 197; zu Hüls auch unsere Anm. 205. ▶ In diesem Zusammenhang verdient Beachtung, daß 1936, also zu einer Zeit, da der Einfluß Bourdaloues auf die Predigt in Deutschland verblaßt war, die deutsche Ordensfrau M. Febronia Hitz aus dem Institut der Englischen Fräulein unter namhafter Anleitung eine philologische Dissertation über den französischen Prediger vorlegte: HITZ, Redekunst. In meinem Exemplar ist auf der Rückseite des Titelblatts die Angabe eingeklebt: „Begutachter Prof. Dr. Hans Rheinfelder. Referent: Geh.-Rat Prof. Dr. Karl Voßler. Tag der mündlichen Prüfung: 20. Dezember 1934". Der bedeutende Romanist Hans Rheinfelder (1898–1971) war ein Schüler des berühmten Karl Voßler (1872–1949).

179 BELLESHEIM, Bespr. Table analytique, S. 470–471.
180 BELLESHEIM, Neueste Bourdaloue-Literatur, S. 344. – In einem früheren Referat hielt Bellesheim den großen Franzosen auch in anderer Hinsicht für aktuell. Er lobte dessen *solide theologische Wissenschaft* und bemerkte: *Die*

Zurückhaltend zeigte sich in dieser Hinsicht der ebenfalls schon zitierte Franz Seraph v. Hettinger. In seinen 1888, also in der „Ratti-Zeit", erschienenen *Aphorismen* tadelte er, *daß, wenigstens in älteren Homiletiken, fast sämmtliche Beispiele zur Illustration der vorgetragenen Regeln* **französischen Predigern** *entnommen wurden. Alles, bis zur Diction und den Redefiguren, sollte nach ihnen gemodelt werden; hätte man den mündlichen Vortrag auch drucken können, so hätten sie uns Deutschen auch die heftige Gesticulation der französischen und italienischen Prediger zur Vorschrift gemacht. Diese unbesonnene Nachahmung besonders von Massillon und Bourdaloue, die man eben hätte studiren, aber nicht nachahmen sollen, hat schon viele aus der Kirche hinausgepredigt. [...] Ich schlage eben zufällig auf und lese in den Lobreden Bourdaloue's; da stoße ich auf eine Periode, nicht weniger als fünfunddreißig Zeilen lang; dem Genius der französischen Sprache, der Art und Weise der französischen Pronuntiation entspricht sie; aber was muß daraus im Deutschen werden? was aus dem unerfahrenen Candidaten, dem man solches als Muster vorhält? [...]* **Was diese Prediger sagen, paßt für jede Zeit, denn es ist Gottes Wort; aber auch wie sie es sagen?**[181]

Zwei Jahrzehnte später sprach Paul Wilhelm v. Keppler unverblümt aus, daß man heute nicht mehr wie Bourdaloue predigen könne: *Dogmatische Predigten, wie die eines Bourdaloue, von ein- und mehrstündiger Dauer, von monumentalem Aufbau, tiefgründiger Argumentation, strengstem logischem Gedankenfortschritt sind einfach heutzutage nicht mehr möglich; es fände sich kaum mehr irgendwo ein Auditorium, das zu so intensivem geistigen Mitarbeiten mit dem Prediger fähig und willig wäre*[182].

Aus allen diesen Zitaten darf man keine voreiligen Schlüsse ziehen. Sie hätten eine sorgfältige Einbettung in ihren Kontext nötig – eine Arbeit, die hier nicht zu leisten ist. Anderseits genügen sie, um verschiedene Fragen zur

---

letztere bekundet er namentlich durch seine Kritik des Quietismus, deren Lectüre ich für Beichtväter, und namentlich für solche in Frauenorden, als unumgänglich nothwendig bezeichnen möchte.: BELLESHEIM, Bourdaloue-Literatur, S. 551.

181 HETTINGER, Aphorismen, S. 58–59. – Die Hervorhebungen in diesem und in Hettingers folgenden Zitaten sind original (hier in Fettdruck).

182 KEPPLER, Homiletische Gedanken, S. 34.

Wirkungsgeschichte der französischen Klassiker anzudeuten, die zur Zeit noch nicht beantwortet sind.

Hettinger hat in den *Aphorismen* kurze Charakteristiken der großen Franzosen gegeben. Natürlich sprechen hier seine subjektiven Vorlieben mit; trotzdem zeichnete er die Profile so gekonnt, daß sie im vorliegenden Rahmen den Namen Bossuet, Bourdaloue und Massillon Anschaulichkeit und Farbe zu geben vermögen.

In das allgemeine Lob des „Adlers von Meaux" stimmte er kraftvoll ein: *Wenn wir alle drei betrachten, Bossuet, Bourdaloue und Massillon, so können wir nur den ersten unbedingt als Muster gelten lassen; bei ihm ist das Dogma alles, die Moral, die Sittenschilderung nur dessen Anwendung; darum ist und bleibt er unübertreffliches Ideal des christlichen Predigers. Er entwickelt und beweist die Mysterien nicht, wie die Schule entwickelt und beweist; er steigt hinab in ihre Tiefen, er bekennt ihre Unbegreiflichkeit, er staunt, er verstummt – aber gerade so erscheinen sie in ihrer ganzen Größe, den Menschengeist überwältigend, alle seine Ahnungen erfüllend, alle seine Sehnsucht sättigend. Christus, die allerseligste Jungfrau, die Heiligen weiß er uns so menschlich nahe zu stellen und doch so erhaben, so göttlich. Und alle seine Gestalten bewegen sich auf dem großen Hintergrund der Ewigkeit; über allem erblicken wir den Horizont unendlicher Seligkeit oder unendlichen Wehes. Da ergibt sich dann die Moral von selbst; nicht in einzelnen Vorschriften verliert er sich; er zeigt unsere Armuth und Gottes Arm immer ausgestreckt, uns emporzuziehen. / Man nehme zu alledem seine Darstellung. Sie ist weniger geglättet als jene Massillons oder Flechiers, aber seine Rede ist voll Adel, voll Feuer, hinreißend, überwältigend; das Siegel des Erhabenen ist ihr aufgeprägt. / Und heute noch, nach zweihundert Jahren, fühlen wir hindurch durch den todten Buchstaben den Herzschlag einer großen Seele*[183].

---

183 HETTINGER, Aphorismen, S. 124–125. – Diese wie auch die folgenden Profilskizzen lassen die Sprachmächtigkeit Hettingers gut erkennen. Eugen Biser stellte fest: „Tatsächlich hinterließ Hettingers anfängliche Tätigkeit als Sachvertreter für Homiletik tiefe Spuren in seinem Lebenswerk, die über das fachliche Interesse hinaus eine innere Affinität zur Welt der Sprache und Literatur dokumentieren.": BISER, Hettinger, S. 433 (wobei anzumerken ist, daß Hettingers Tätigkeit als Homiletiker an der Universität keineswegs nur „anfänglich" war; vgl. Anm. 34).

Dem „König der Prediger und Prediger der Könige", der am Mailänder Institut *Maria Immacolata* studiert und von Alfons Bellesheim so sehr geliebt wurde, stand Hettinger reservierter gegenüber: *Bourdaloue stellt die Moral voran, eine Moral, die im Dogma wurzelt, aber doch die Moral. Unerbittlich verurtheilt er die Welt und ihre Sünden; il frappe toujours comme un sourd, dieses Wort Sévigné's bezeichnet alles. Er theilt genau ein, er beweist sorgfältig, wie ein Netz wirft er das Gewebe seiner Schlußfolgerungen über den Geist seiner Zuhörer. Die Macht seiner Ueberzeugung, sein Organ, sein rascher Vortrag ließen diese die Ermüdung nicht empfinden, die sich bei der Lesung seiner Predigten unserer bald bemächtigt. Es ist mehr Theologie bei ihm, mehr Beweisführung, mehr unmittelbare Beziehung auf das Leben, als bei Bossuet; aber seine Predigten sind weniger plastisch, weniger packend als bei diesem; hier die Schule, dort das Genie*[184].

Den Predigten Massillons vermochte Hettinger, wenn man genau hinhört, wenig Gutes abzugewinnen: *Massillon predigt Moral, eine christliche, eine strenge, ja überstrenge Moral; man nehme seine Schrift- und wenigen Vätertexte hinweg, und es bleibt nichts als eine moralische Abhandlung. Was seinen Worten Zauber verlieh und zum Theil noch jetzt, wenn wir ihn lesen, einen gewissen Reiz gibt, ist nicht so sehr der innere Gehalt, nicht die Tiefe der Ideen, die Macht des Geistes; es ist der Numerus seiner wohlgesetzten Perioden, dieser Wohllaut der Sprache, die Mannigfaltigkeit seiner Sittenschilderungen, eine gewisse Weichheit des Gemüthes, das sich bei allem Rigorismus doch nicht verläugnen kann. Voltaire hat bekanntlich das Petit-Carême Massillons für ein Meisterwerk erklärt; dies genügt zu dessen Charakterisirung*[185].

Die Kritik Hettingers an Fénelons Zurückhaltung gegenüber den Kirchenvätern und an dessen Roman *Les Aventures de Télémaque* ist nicht zu einer Charakteristik gerundet; wir brauchen deshalb nicht näher auf sie einzugehen[186].

---

184 HETTINGER, Aphorismen, S. 125. – *Dieses Wort Sévigné's*: bezieht sich auf Marie Marquise de Sévigné geb. Rabutin-Chantal (1626–1696), deren Briefe zur klassischen französischen Literatur gehören.
185 HETTINGER, Aphorismen, S. 125–126.
186 HETTINGER, Aphorismen, S. 128–129.

Während des späteren 19. Jahrhunderts waren die französischen Klassiker in der deutschen Homiletik und Predigt ohne Zweifel immer noch präsent. Die Einschätzungen Alfons Bellesheims, die Profilskizzen Franz Seraph v. Hettingers und das Urteil Paul Wilhelm v. Kepplers machen unterschiedliche Facetten der Rezeption anschaulich. Zugleich markieren sie das Desiderat, die Wirkungsgeschichte umfassender zu untersuchen.

IV. Kapitel: Von Achille Ratti geschätzte italienische Grundlagenwerke über Beredsamkeit

Achille Ratti befaßte sich als Homiletikprofessor nicht nur mit Predigttexten, sondern auch mit theoretischen Grundlagenwerken. Von zwei Büchern dieser Art wissen wir mit Sicherheit, daß er sie benutzt und geschätzt hat: von den *Lezioni di eloquenza sacra* – „Vorlesungen über geistliche Beredsamkeit" des Guglielmo Audisio und von der groß angelegten Ästhetik *Dell'arte del dire* – „Von der Redekunst" des Vito Fornari.

Das Zeugnis über Audisio verdanken wir Giovanni Galbiati (1881–1966)[187]. Er lernte Ratti im Jahr 1902 kennen, als dieser an der Ambrosiana tätig war, und arbeitete später, selbst Doktor der berühmten Institution geworden, eng mit ihm zusammen. Galbiati muß folglich zu den Augen- und Ohrenzeugen gezählt werden – mit gewissen Einschränkungen für die frühen Jahre des künftigen Papstes. Nach seiner Darstellung hat die Übernahme des Lehrstuhls für geistliche Beredsamkeit bei Achille Ratti zu einer „langen und reichhaltigen rednerischen Schulung" geführt[188]. Galbiati ist es also, von dem wir erfahren, daß Ratti als ein Grundlagenwerk für seine Vorlesungen Audisios *Lezioni di eloquenza sacra* benutzte[189].

---

187 Zu ihm Franco BUZZI, Il Collegio dei Dottori e gli studi all'Ambrosiana sotto i prefetti Luigi Gramatica e Giovanni Galbiati, in: Storia dell'Ambrosiana. Il Novecento, 17–53 u. Reg.; Pier Francesco FUMAGALLI, Art. Galbiati, Giovanni, in: DBI 51 (1998), S. 371–373; ein geistvolles Porträt zeichnete Nello VIAN, Giovanni Galbiati umanista bibliotecario, in: DERS., Figure della Vaticana e altri scritti. Uomini, libri e biblioteche, a cura di Paolo VIAN (Studi e testi, 424), Città del Vaticano 2005, S. 277–283. Siehe auch: Fragmenta dierum et vitae. Bibliografia di Msgr. Giovanni Galbiati cronologicamente disposta dal 1911 al 1961. 2ᵃ edizione ampliata (Collana: Fronde sparte), Milano 1961.
188 [...] *lunga e nutrita educazione oratoria* [...]: GALBIATI, Pio XI evocato, S. 204.
189 GALBIATI, Pio XI evocato, S. 204–205.

1) Die *Lezioni di eloquenza sacra* des Guglielmo Audisio

Guglielmo Audisio (1802–1882) unterrichtete zunächst geistliche Bered-samkeit am Seminar von Bra (Cuneo)[190]. 1837 wurde ihm die Leitung der *Reale Accademia Ecclesiastica* – der „Königlichen kirchlichen Akademie" zu Superga bei Turin, einer Art von Hochschule für Theologie und kano-nisches Recht, übertragen. 1839 veröffentlichte er erstmals seine *Lezioni di eloquenza sacra*. Aus politischen Gründen mußte er Piemont im Jahr 1849 verlassen. Seit 1850 lehrte er in Rom an der *Università Sapienza* Na-tur- und Völkerrecht, wurde Domherr von St. Peter und Berater kurialer Organe. Neuerdings hat die Forschung Audisios Tätigkeit als Konsultor der Indexkongregation ins Licht gestellt; die bisherige Literatur interessierte sich ganz überwiegend für sein Denken und Wirken im Kontext der nationalen Einigung Italiens[191].

Die *Lezioni di eloquenza sacra* erlebten in Turin von 1839 bis 1893 neun Auflagen[192]. Nach dem Muster der Turiner Ausgaben erschienen auch etliche Nachdrucke in Neapel, auf deren Nachweise wir hier verzichten. Die bemerkenswerte Zahl der Auflagen läßt darauf schließen, daß Audisios Werk eine größere Verbreitung gefunden hat[193]. Falls Achille Ratti eine

---

190 Dies und die folgenden biographischen Angaben nach SCHWEDT, Prosopogra-phie. Bd. A-K, S. 81–85 (Lit.); siehe auch Francesco CORVINO, Art. Audisio, Guglielmo, in: DBI 4 (1962), S. 575–576.

191 Vgl. z. B. WEBER, Quellen und Studien, S. 221–222 Anm. 50.

192 Die wenigen in Deutschland elektronisch nachgewiesenen Exemplare reichen nicht aus, um die Chronologie der Ausgaben zu ermitteln. Nach dem italieni-schen «Catalogo del Servizio Bibliotecario Nazionale» ergibt sich für die in Turin erschienenen Auflagen folgendes Bild: ▶ 1ª edizione (Stamperia Reale) Bd. 1 1839, Bd. 2 1840, Bd. 3 1841 (Bei der 1. Aufl. scheint die Wortfolge im Titel *sacra eloquenza* zu lauten, bei den späteren *eloquenza sacra*.). ▶ 2ª ed. (ebd.) 3 Bde. 1846. ▶ Die dritte und die vierte Auflage sind auch im CSBN nicht nachgewiesen. ▶ 5ª ed. (ebd.) 3 Bde. 1850. ▶ 6ª ed. *con aggiunte dell'autore* (Giacinto Marietti) Bd. 1 1859, Bde. 2–3 1859 (Es scheint auch eine Aufl. in 1 Band von 1858 zu geben). ▶ 7ª ed. (Giacinto Marietti) 1870 (Die 7., 8., 9. Aufl. erschienen in 1 Band). ▶ 8ª ed. (ebd.) 1882. ▶ 9ª ed. (ebd.) 1893. – Wir zitieren im Folgenden die siebte Auflage von 1870.

193 Näheres scheint nicht erforscht zu sein. – Hier sei daran erinnert, daß einer der ersten Alumnen des Mailänder Instituts *Maria Immacolata* eine Zusammen-fassung (*compendio*) der Lektionen Audisios studierte; vgl. oben Anm. 64.

der zu seiner Zeit erschienenen Ausgaben benutzte – und vermutlich auch erwarb – , könnten es die siebte Auflage, Turin 1870, oder die achte, Turin 1882, gewesen sein. Eingehendere Untersuchungen zu Audisio als Homiletiker sind dem Verf. übrigens nicht bekanntgeworden[194].

Die *Lezioni di eloquenza sacra* bestehen aus drei Teilen. Der erste Teil handelt „von der geistlichen Beredsamkeit im allgemeinen" und besteht aus 28 Lektionen[195]. Der zweite Teil, der 31 Lektionen umfaßt, spricht „von der geistlichen Beredsamkeit im besonderen"[196]. Der dritte Teil bietet 27 Lektionen „vom Stil"[197]. Die Lektionen 26 und 27 dieses letzten Teils zeichnen das „Bild des geistlichen Redners gemäß den Bedürfnissen des neunzehnten Jahrhunderts"[198].

Es ist unmöglich, im Rahmen unserer Untersuchung näher auf den reichen Inhalt der *Lezioni* einzugehen. Wir weisen nur auf das fünfte Kapitel des zweiten Teiles hin, das den „klassischen Rednern Frankreichs" gewidmet ist[199]. Dort bricht Audisio im zweiten Abschnitt in ein schwungvolles Lob aus: „Bossuet, der Prediger der Vorstellungskraft; Bourdaloue, der Prediger der Vernunft; Massillon, der Prediger des Herzens: dies ist ein Dreigespann, dem weder die griechische noch die römische Beredsamkeit ein gleiches zur Seite stellen kann, und das dem Haupte Frankreichs eine größere Ruhmeskrone aufsetzte, als es die so berühmten Größen des Theaters, Corneille, Racine und Molière, vermochten. Dies sind auch die drei großen Vorbilder, durch deren Betrachtung der jugendliche Geist des Redners sich erhebt und erweitert."[200] Audisio analysiert dann eingehend die drei Typen

---

194 Emilio Santini, dessen Ziel eine Geschichte der Beredsamkeit in ihren predigenden Repräsentanten, weniger hingegen eine Geschichte der Predigttheorie war, hat aus diesem Grunde dem Theoretiker Audisio nur wenige Zeilen gewidmet; bei den *Lezioni* begnügte er sich mit dem Attribut *sapienti* (hier wohl im Sinne von „klug"): «[...] dettò sapienti lezioni di eloquenza.»: SANTINI, L'eloquenza italiana I, S. 249.

195 *Dell'eloquenza sacra in generale.*: AUDISIO, Lezioni, S. 21–281.

196 *Dell'eloquenza sacra in particolare.*: AUDISIO, Lezioni, S. 283–621.

197 *Dello stile.*: AUDISIO, Lezioni, S. 623–901.

198 *Imagine dell'oratore sacro secondo i bisogni del secolo decimonono.*: AUDISIO, Lezioni, S. 881–892, 892–901.

199 *Oratori classici della Francia.*: AUDISIO, Lezioni, S. 324–340.

200 *Bossuet, il predicator dell'imaginazione; Bourdaloue, il predicator della ragione; Massillon, il predicator del cuore: ecco un triumvirato, pari a cui altro non*

der Kanzelberedsamkeit, die in den drei großen Predigern verkörpert seien. Schließlich kommt er auf Fénelon zu sprechen: „Aber am damals so klaren Horizont Frankreichs strahlte immer noch ein Stern, der vielleicht die Fähigkeit besaß, die staunenswerten Talente der drei größten Redner in einem einzigen zusammenzufassen und gleichsam zu verschmelzen: dieser Stern war Fénelon, geboren 1651."[201]

Ob Audisios *Lezioni* in Deutschland ein nennenswertes Echo gefunden haben, läßt sich beim gegenwärtigen Stand der Forschung nicht sagen. In der Literatur, die für die vorliegende Untersuchung herangezogen wurde, finden sich geringe Spuren bei den Homiletikern Franz Seraph v. Hettinger[202],

---

ha nè la greca nè la romana eloquenza; e che poneva sul capo della Francia maggior corona di gloria che non poterono i tanti famosi eroi della scena, Corneille, Racine e Molière. Ed ecco pure i tre grandi modelli, per la cui meditazione si eleva e s'ingrandisce il giovine mente dell'oratore.: AUDISIO, Lezioni, S. 324.

201 *Ma sull'orizzonte, allora sì lucido della Francia, un astro brillava tuttavia forse capace di stringere e quasi rifondere in un solo i prodigiosi talenti dei tre sommi oratori: quel astro era Fénelon nato nel 1651.*: AUDISIO, Lezioni, S. 336.

202 Vgl. HETTINGER, Aphorismen, S. 223; dort äußert sich der Autor unter Hinweis auf das Konzil von Trient, das die heiligen Schriften als *eloquia divina* bezeichnet habe, gönnerhaft-distanziert zu Audisios Ausführungen über eine *Beredsamkeit der Heiligen Schrift* und deren Merkmale: *Solche Erörterungen sind gewiß ganz löblich; eigentlich versteht sich aber das alles von selbst.* – Zu dem Mißstand, daß die Liturgie in der Predigt kaum eine Rolle spiele, bemerkt er: *Audisio glaubt, man habe die Liturgie verachtet als ein **libro delle sagre-stie**; ich dächte, es ist dies eine zu harte Anklage.*: HETTINGER, Aphorismen, S. 258 (Hervorhebung original). Er selbst sieht den Grund in der übermäßigen Nachahmung der Franzosen des 17. Jahrhunderts. – Des weiteren kritisiert er: *Muster eines weder einfachen, noch natürlichen Stiles finden wir selbst bei einem Lehrer der Homiletik, Audisio.* Das sich anschließende Zitat aus den *Lezioni* wirkt geradezu ironisch, und Hettinger bemerkt dazu: *Was will denn der Mann mit all diesem Bombast sagen? Nichts anderes, als daß er jetzt in seiner Homiletik zum dritten Theil übergehen wird!*: HETTINGER, Aphorismen, S. 372–373. – Etwas freundlicher wirkt der vierte Hinweis: *Audisio macht die im ganzen nicht unrichtige Bemerkung, daß die Franzosen [...] mehr das Moment der sittlichen Erbauung in ihren Lobreden hervortreten ließen, die Italiener dagegen [...] es sich zur Aufgabe machten, durch Schilderung der Wunder und Großthaten der Heiligen die Bewunderung der Zuhörer zu erregen.*: HETTINGER, Aphorismen, S. 478.

Paul Wilhelm (v.) Keppler[203] und Peter Hüls (1850–1918)[204].

2) *Dell'arte del dire* von Vito Fornari

Von dem zweiten Grundlagenwerk, auf das Achille Ratti zurückgegriffen und das er überaus geschätzt hat, erfahren wir durch unseren schon oft angeführten Gewährsmann Carlo Confalonieri. Dieser berichtet, nachdem er Rattis früheren Hörer Ottavio Marchetti hat zu Wort kommen lassen: „Diese Erinnerungen des früheren Schülers geben uns Gelegenheit zu der Mitteilung, daß Pius XI. unter seinen liebsten Büchern das zweibändige Werk von Vito Fornari *L'arte del dire* bewahrte: ein Werk, das er überaus schätzte und dessen er sich bei seinen Vorlesungen über geistliche Beredsamkeit als eines wahrhaft klassischen Traktats über diesen Gegenstand bedient hatte."[205] Confalonieri war mit der privaten Büchersammlung Pius'

---

203   *In unserem Jahrhundert reifte die Homiletik allmälig zu einer Wissenschaft. Diese Ausgestaltung steht im Zusammenhang mit der Ausbildung der Pastoraltheologie, in deren Systemen und Compendien die Homiletik von nun an neben der Katechetik und Liturgik ihren Platz erhält [...]. Als Vorstufen dieses Resultates können bezeichnet werden [...]; in Italien: Gatti (übersetzt von Molitor), Audisio.*: KEPPLER, Art. Homiletik, Sp. 205. – Übrigens erschien dieser umfangreiche Lexikonartikel Kepplers in demselben Jahr 1889, in welchem Ratti seinen Lehrstuhl endgültig zugunsten der Ambrosiana aufgab.

204   Vgl. die von Hüls besorgte Neuauflage: HETTINGER – HÜLS, Aphorismen. – In einer Fußnote zu der Frage, wie der Prediger das *Gemüt* der Zuhörer erreichen könne, bemerkte Hüls: *Sein* [d. h. Hettingers] *Eifern gegen schablonenhafte, unnatürliche Darstellung ist ganz berechtigt; den betreffenden Homiletikern, wie z. B. Wurz und Audisio, die als Kinder ihrer Zeit und für sie schrieben, Werke, die noch jetzt nicht ohne Wert sind, scheint uns H[ettinger] hier ein etwas strenger Richter zu sein. So findet sich selbst bei* **Audisio** *(Lezioni di eloquenza sacra, Lez. 22) eine weitläufige Theorie der Gefühle.*: HETTINGER – HÜLS, Aphorismen, S. 42–43 Anm. *1 (Hervorhebung original). – Zu Hüls, der nicht nur Universitätsprofessor, sondern auch Domprediger in Münster war, siehe Gunnar ANGER, Art. Hüls, Peter, in: BBKL 22 (2003), S. 578–585; MÜCKSHOFF, Predigt und Prediger, S. 195–209.

205   *Questi ricordi dell'antico alunno, ci danno occasione di dire che Pio XI conservava fra i suoi libri più cari l'opera in due volumi di Vito Fornari L'arte del dire, opera che apprezzava moltissimo e della quale si era giovato per le lezioni di sacra eloquenza, come vero trattato classico in argomento.*: CONFALONIERI, Pio XI, S. 136. – TSCHAKERT: „Aus den Erinnerungen dieses früheren Hörers wissen wir auch, daß das zweibändige Werk von Vito Fornari über

89

XI. vertraut[206]. In ihr hatte er Fornaris „Redekunst" vorgefunden, und er hatte offensichtlich auch Kommentare des Papstes dazu vernommen. Vito Fornari (1821–1900), aus Molfetta gebürtig und dieser Stadt sein Leben lang verbunden, empfing 1843 in Neapel die Priesterweihe[207]. 1844 wurde er zur Mitarbeit an der Entzifferung der Papyri von Herculaneum berufen; dabei oblag ihm unter anderem die Bearbeitung eines Papyrus über Rhetorik[208]. In Neapel trat er während des Winters und Frühjahrs 1848/49 auch in nähere Beziehungen zu Antonio Rosmini (1797–1855)[209]. Nach dem Ende des Königreichs beider Sizilien wurde er zum Präfekten der *Biblioteca Nazionale* in Neapel ernannt; er blieb dies vierzig Jahre bis zu seinem Tod[210]. In ministeriellem Auftrag verfaßte Fornari für die Weltausstellung 1874 in Wien einen Überblick über das seiner Leitung anvertraute Haus[211]. Daß diese Schrift des älteren neapolitanischen Kollegen irgendwann auch

---

die Redekunst eines der liebsten Bücher Don Achille Rattis war. Er schätzte es sehr und bediente sich dieses Werkes bei seinen Vorlesungen über Rhetorik.": CONFALONIERI deutsch, S. 130.

206 Vgl. oben Anm. 156.

207 Diese und die folgenden biographischen Angaben bei FAGIOLI VERCELLONE, Art. Fornari (Lit.); vgl. auch AMATO, Cristo centro, S. [21]-66 («Cap. I: Vito Fornari e il suo tempo»).

208 Dazu AMATO, Cristo centro, S. 50–51. Fornari erhielt die Amtsbezeichnung *alunno interprete.*: vgl. GUERRIERI, La Biblioteca Nazionale, S. 36 Anm. 2. – Die Papyri befinden sich heute in der Biblioteca Nazionale zu Neapel; zu ihnen J[ürgen] HÖNSCHEID, Art. Herculaneum, in: LGB² 3 (1991), S. 449; GUERRIERI, La Biblioteca Nazionale, S. [170]-175. – Auch Achille Ratti zeigte Interesse an Papyri und Papyrusforschung; vgl. z.B. GALBIATI, Pio XI evocato, S. 295, über Rattis Besuche in Cantù. Deren Frucht war die Publikation: RATTI, I papiri di Galliano. Zum diesbezüglichen Mäzenatentum Pius' XI. siehe Karl PREISENDANZ, Die Päpstliche Papyrussammlung, in: Sankt Wiborada. Bibliophiles Jahrbuch für katholisches Geistesleben 1 (1933), S. 103–107.

209 Vgl. AMATO, Cristo centro, S. 42–43, vor allem Anm. 126.

210 Dazu GUERRINI, La Biblioteca Nazionale, S. [35]-45 und Reg.; DIES., Vito Fornari e la Biblioteca Nazionale di Napoli, in: Almanacco dei Bibliotecari Italiani 1960, S. 67–74.

211 Vito FORNARI, *Notizia della Biblioteca nazionale di Napoli*, Napoli (Detken & Rocholl) 1874, 119 S. – Die vorhergehenden Ausgabe: *Notizia della Biblioteca nazionale di Napoli (Biblioteche governative, 2)*, Napoli (Pe' tipi del Fibreno) 1872, 95 S.; in ihr erscheint der Name des Verfassers laut «catalogo del servizio bibliotecario nazionale» erst auf S. 38.

in die Hände des Bibliothekars Achille Ratti gekommen ist, dürfen wir mit Sicherheit annehmen.

Fornari strebte nach einer Versöhnung des christlichen Denkens mit den Forderungen der Gegenwart. Ein Aufenthalt im Kolleg der Augustiner-chorherren zu Neapel hatte ihn für sein ganzes Leben im Sinne der augu-stinischen Gedankenwelt geprägt. Christoph Weber charakterisiert ihn als „Vertreter eines romantischen Spiritualismus, der sich einerseits an Ros-mini und Gioberti, andererseits an platonisch-augustinischen Vorstellun-gen orientierte."[212] Literarisch war Fornari in der Schule des Basilio Puoti (1782–1847)[213] zu einem Vertreter des *purismo napoletano* geworden[214]. In seinem philosophisch-literarischen Schaffen nicht unumstritten, gehörte er zu den anerkannten Stilisten des *Ottocento* in Italien.

Seinem Hauptanliegen sollte auch *Dell'arte del dire* dienen, „eine wahre theoretische Enzyklopädie der hauptsächlichen Literaturen und schönen Künste, die viele Polemiken hervorrief", wie es im *Dizionario biografico degli Italiani* heißt[215]. Daneben nennen wir als sein (zweites) Hauptwerk *Della vita di Gesù Cristo* – „Über das Leben Jesu Christi" in drei Bänden:

---

212 WEBER, Quellen und Studien, S. 179 Anm. 314. – Weber hat auch darauf aufmerksam gemacht, daß die (niederen) Geistlichen Süditaliens und so auch Vito Fornari meistenteils kein Problem darin sahen, mit der Treue zur Kirche das Eintreten für Italien als Nationalstaat zu verbinden: ebd., S. 213.

213 Zu ihm HÖNIGSPERGER, Regole Elementari; dort S. 111 eine Kurzbiographie.

214 Vgl. AMATO, Cristo centro, S. 44–53 («Alla scuola del Marchese Basilio Puoti»).

215 «[...] una vera enciclopedia teoretica delle principali letterature e belle arti, che suscitò molte polemiche.»: FAGIOLI VERCELLONE, Art. Fornari. – Für die Auseinandersetzung mit Fornaris großem Werk ist immer noch wichtig die Studie des Benediktiners Dom Pantaleo LOSAPIO, Dell'Arte del Dire dell'Abate Vito Fornari. Studio critico, Bisceglie (Arti grafiche «La Veloce») 1926. Verf. bestellte dieses in Deutschland nicht nachgewiesene und in Italien seltene Buch im Januar 2016 über die Auslandsfernleihe. Es waren noch keine zwei Wochen vergangen, da hielt er bereits eine vollständige Photokopie, für die nicht einmal zusätzliche Kosten berechnet wurden, in Händen. Die so nicht erwartete Gabe kam aus Molfetta, dem Geburtsort Fornaris, und zwar aus der *Biblioteca comunale «G. Panunzio»*. Zwar stellte sich bei der Lektüre heraus, daß die Einbeziehung der Studie Losapios den Rahmen unserer Untersuchung gesprengt hätte. Der *Biblioteca Comunale di Molfetta* sei aber ausdrücklich für ihren überaus zuvorkommenden und effektiven Dienst gedankt.

im Grunde eine Geschichte der gesamten Menschheit[216]. Die erste Auflage der „Redekunst" erschien in den Jahren 1857 bis 1862 in Neapel[217]. Die vierte Auflage kam ebenda zwischen 1865 und 1868 heraus; bei ihr fällt auf, daß der dritte Band, der für unser Thema am wichtigsten ist, als erster erschien[218]. Der Lehrtätigkeit Achille Rattis seit 1882/1883 steht zeitlich am nächsten die neapolitanische Ausgabe von 1881[219].

Dell'arte del dire ist in vier Bücher eingeteilt. Das erste behandelt in 55 Lektionen die Geschichtsschreibung, das zweite in 37 Lektionen die lehrhafte Literatur, das vierte die Poesie in 35 Lektionen. Das dritte Buch, das in der Auflage von 1865–1868 den dritten Band einnimmt, bespricht in 34 lezioni die weltliche und geistliche Beredsamkeit. Schon der Gesamtplan des Werkes läßt erkennen, daß Fornari Größeres erstrebte als eine Gesamtdarstellung der Sacra eloquenza, die später dem Professor Ratti zu lehren aufgetragen war.

Ähnlich wie bei den Lezioni Audisios können wir auch bei Fornaris Dell'arte del dire gar nicht erst den Versuch machen, den Inhalt des Werkes zu skizzieren. Wir erwähnen nur, daß der Autor in den Lektionen 27 und 28 des dritten Buches die „Beredsamkeit in der modernen Zeit" behandelt hat[220], das heißt in jenem Zeitraum, der heute „Frühe Neuzeit" genannt wird. In diesem Zusammenhang vernehmen wir, wie er die großen französischen Prediger einschätzte: „Die Namen Bourdaloues, Massillons und Fénelons rufen die glorreichsten Triumphe in Erinnerung, welche die christliche Beredsamkeit von der Väterzeit bis auf uns davongetragen hat. Aber

---

216 Vito FORNARI, Della vita di Gesù Cristo libri tre. 3 Bde., Firenze 1869–1893, und weitere Ausgaben.

217 Vito FORNARI, Vito, Dell'arte del dire. Lezioni. Bde. 1–2, Napoli (Stamperia del Vaglio) 1857; Bde. 3–4, Napoli (Tipografia dell'Industria) 1860 bzw. 1862.

218 FORNARI, Dell'arte del dire III. – Wir zitieren nach dieser Ausgabe.

219 Nicht nur der Druck von 1865–1868 wurde als vierte Auflage bezeichnet; auch die vierbändige Ausgabe, die 1872 in Neapel bei Giuseppe Marghieri herauskam, trägt den Vermerk: Quarta edizione mit dem Zusatz riveduta e corretta dall'autore. Dementsprechend heißt Giuseppe Marghieris nächster Druck von 1881: Quinta edizione riveduta e corretta dall'autore (nach dem italienischen «Catalogo del Servizio Bibliotecario Nazionale»).

220 Dell'eloquenza nell'età moderna / Continuasi dell'eloquenza moderna: FORNARI, Dell'arte del dire III, S. 304–315, 315–333.

Bossuet überflügelte alle anderen und hat seinen Namen auf immer mit dem Namen des Demosthenes, des Cicero und des Chrysostomus verbunden."[221]

Trotz seiner Bewunderung behielt Fornari aber einen klaren Blick auch für die Mängel: „[...] wir bemerken aber, daß die französischen Redner vollkommen gewesen wären, hätten sie nicht von der Schule auf die Kanzel etwas Abgezirkeltes, Symmetrisches, [genau] Unterteiltes, Beschränktes, Konventionelles, Befangenes, das mehr der Rhetorik als der Beredsamkeit eigen ist, übertragen. Auch sie zahlten also der Rhetorik und daher auch ihrem Jahrhundert einen gewissen Tribut, wenn auch sehr viel weniger als die anderen."[222] Vielleicht scheint an dieser Stelle eine gewisse Reserviertheit gegenüber der traditionellen Rhetorik durch[223].

Exkurs D: Fornaris Darstellung des Entwicklungsganges der Beredsamkeit in der Zusammenfassung von Karl Werner

In der deutschsprachigen Literatur kommt Fornari zu kurz. Aus diesem Grunde und zur Veranschaulichung bringen wir als Exkurs einige Zitate aus dem genauen Resümee, das der österreichische Philosophie- und Theologiehistoriker Karl Werner (1821–1888)[224] von Fornaris Ausführungen über den Entwicklungsgang der Beredsamkeit gegeben hat.

---

221 *I nomi del Bourdaloue, del Massillon, del Fenelon ricordano i più gloriosi trionfi che abbia la cristiana eloquenza riportato dall'età de'Padri infino a noi. Ma il Bossuet volò sopra tutti gli altri, ed ha congiunto il suo nome in perpetuo col nome di Demostene, di Cicerone e del Grisostomo.*: FORNARI, Dell'arte del dire III, S. 332–333.

222 *[...] ma notiamo, che i francesi oratori sarebbero stati perfetti, se non avesse dalla scuola recato in sul pergamo un certo che di misurato, di simmetrico, di compartito, di angusto, di convenzionale, d'impacciato, ch'è più proprio della rettorica che dell'eloquenza. Pagarono, dunque, essi pure qualcosa alla rettorica, e perciò eziandio al loro secolo, quantunque assai meno degli altri.*: FORNARI, Dell'arte del dire III, S. 333.

223 Zum Verhältnis von Rhetorik und geistlicher Beredsamkeit vgl. die durch Anm. 112, 154, 231, 239, 242, 244, 266 und 348 nachgewiesenen Texte und Ausführungen.

224 Zu ihm Verena WALZ, Art. Werner, Karl (Carl), in: LThK[3] 10 (2001), Sp. 1104; Joseph PRITZ, Carl Werner (1821–1888), in: Katholische Theologen III, S. 145–168.

Dessen Gedanken über die Spätantike finden wir bei Karl Werner so zusammengefaßt: *Die antike Beredsamkeit wurde in den politischen und moralischen Verfall und Untergang der Völker hineingezogen, bei welchen sie geblüht hatte; der erneuerte Aufschwung der Eloquenz ist dem Machtwirken des christlichen Geistes zu verdanken, welcher in den Schriftdenkmalen der altchristlichen Zeit eine in ihrer Art einzige oratorische Literatur hervorrief und der im Alterthum auf die engen Gebiete Griechenlands und Latiums beschränkten Pflege der Eloquenz ein die gesammte christianisirte Welt umfassendes Gebiet eroberte*[225].

Größe und Grenzen der oratorischen Literatur der Frühen Neuzeit hat Fornari zunächst im Blick auf Italien dargestellt. Karl Werner resümiert: *Auf dem Grunde der christlichen Geistesbildung erwuchs die neuzeitliche oratorische Literatur der europäischen Culturvölker; zuerst in Italien, wo die antike Culturtradition noch fortlebte und zuerst wieder auflebte, sodann bei den anderen westeuropäischen Nationen, deren Bildungsstreben von Italien aus befruchtet wurde. In Italien selber gab es vor dem 16. Jahrhundert nur dort eine Beredsamkeit, wo ein freies Gemeinwesen sich erhalten hatte, wie in Florenz und Venedig; die Renaissance rief wohl eine große Zahl eleganter und formvollendeter Redemuster hervor, lenkte aber die Geister von den Quellen der edlen kraftvollen Beredsamkeit ab und so kam es, daß die neuere italienische Literatur an Erzeugnissen ächter Eloquenz geradezu arm ist. Die Beredsamkeit hatte nach dem Verluste der nationalen Freiheit*

---

225 Dieses und die beiden folgenden Zitate bei WERNER, Italienische Philosophie V, S. 100–101. Werners übrige Zusammenfassungen aus dem Werk Fornaris sind ebd. im Register verzeichnet. – Zum Stellenwert solcher Resümees, die in der zweiten Hälfte des 19. Jahrhunderts namentlich im Blick auf die Scholastik gepflegt wurden, hat Wolfgang Kluxen, seinerseits den Philosophiehistoriker Clemens Baeumker (1853–1924) zitierend, kritisch angemerkt: „ ‚Lange Referate über die verschiedenen Systeme, verbunden mit einer lobenden oder tadelnden Zensur, wie etwa *Stöckl* sie bot, waren keine Geschichte. Statt lebendiger Ströme und Unterströmungen sah man ein gleichmäßiges Grau abstrakter Theorie, von dem sich einzelne abweichende Erscheinungen wie paradoxe Ausnahmen abhoben.' Dieses Urteil schließt nicht aus, daß solche Referate nützlich sind; aber sie zählen nicht zur Forschung.": KLUXEN, Geschichtliche Erforschung, S. 365. – Daß Werners zitierte Zusammenfassung „nützlich" ist, kann man wohl nicht bezweifeln, vor allem, weil Fornari seltsamerweise in der deutschsprachigen Literatur sonst kaum vorkommt.

und Unabhängigkeit Italiens eigentlich nur noch in der Kirche eine Stätte; aber auch da macht sich einzig der Jesuit Paolo Segneri als eine großartige Erscheinung bemerkbar. Daß ihm nicht andere Männer von gleicher Bedeutung zur Seite traten oder nachfolgten, war durch die Isolirung der Religion von der Weltbildung und vom öffentlichen Gemeinleben verschuldet.

Unter den übrigen europäischen Ländern hat Fornari den Anteil Frankreichs hervorgehoben. Karl Werner faßt zusammen: *In Spanien war dieß in noch größerem Maße der Fall; in Frankreich kam es besser, weil der Kampf gegen die Hugenotten zur Entfaltung geistiger Machtmittel nöthigte und der Hinblick auf das in so nahe Beziehungen zu Frankreich gerückte protestantische England das katholisch-französische Ehrgefühl stachelte. So konnten unter dem nichts weniger als freiheitsliebenden Ludwig XIV., der in der Religion ein politisches Machtmittel erkannte, jene großen geistlichen Redner erstehen, deren größter, Bossuet, einem Demosthenes, Cicero und Chrysostomus ebenbürtig zur Seite tritt. In England entfaltete sich eine parlamentarische Beredsamkeit großen Stiles, welcher indeß doch die Größe ächter Eloquenz abgeht, weil sie den Interessen der miteinander um den Besitz der Staatsleitung ringenden politischen Parteien dienstbar ist.*

3) Keine Spur von Joseph Kleutgens *Ars dicendi*

Am Schluß unseres Abschnitts 2) bemerkten wir, wie sich bei Vito Fornari eine gewisse Skepsis gegenüber der traditionellen Rhetorik andeutete. In diesem Zusammenhang fällt auf, daß wir einerseits zwar von der Hochschätzung hören, die Achille Ratti den Werken Audisios und Fornaris entgegenbrachte, daß uns anderseits aber kein Hinweis auf die *Ars dicendi* – die „Redekunst" des Joseph Kleutgen S. J. (1811–1883)[226] begegnet. Diese erschien erstmals 1847 in Rom und erlebte danach bis weit in das 20. Jahrhundert hinein zahlreiche weitere Auflagen bei Marietti in Turin[227]. Sie

---

226 Zu ihm SCHWEDT, Prosopographie. Bd. A-K, S. [807]-817 (Lit.); Peter WALTER, Art. Kleutgen, Joseph, in: LThK³ 6 (1997), Sp.135; Josef FINKENZELLER, Josef Kleutgen (1811–1883), in: Katholische Theologen II, S. 318–344.

227 Zu ihr WALTER, Joseph Kleutgens „Ars dicendi"; zu den Auflagen ebd., S. 362–363 mit Anm. 20; dort eine 21. Auflage (Taurini 1928). Eine 22. Auflage (Taurini 1935) nennt SCHWEDT, Prosopographie. Bd. A-K, S. 815. – Einige Bemerkungen über die „Ars dicendi" auch bei FINKENZELLER, Kleutgen, S. 333–334.

scheint vor allem in Italien verbreitet gewesen zu sein[228]. Auch im deutschen Sprachraum lassen sich Spuren der Predigtlehre des deutsch-römischen Jesuiten Kleutgen nachweisen[229]. Daß Achille Ratti die *Ars dicendi* gekannt hat, ist so gut wie sicher. Da Kleutgen aber die geistliche Beredsamkeit als „einen Sonderfall der Rhetorik" (Peter Walter) behandelte[230], fragt man sich, ob Ratti daran Geschmack finden konnte.

Daß in allen bekannten Zeugnissen über ihn die *Ars dicendi* Kleutgens nirgendwo erwähnt wird, darf man als ein *argumentum e silentio* gewiß nicht überbewerten; zu denken gibt es aber doch – zumal, wenn man sich der Aussagen ehemaliger Hörer Rattis erinnert, dieser habe dem religiösen Gehalt einer Predigt mehr Bedeutung beigemessen als den äußeren rhetorischen Normen[231]. Ratti schätzte und benutzte Audisios *Lezioni di eloquenza sacra* und Fornaris *Dell'arte del dire*; über Kleutgens *Ars dicendi* hingegen, die durch Marietti ständig greifbar gehalten wurde, hören wir kein Wort. Ganz ohne Aussagekraft dürfte dieser Befund nicht sein.

---

228 Vgl. WALTER, Joseph Kleutgens „Ars dicendi", S. 379. —

229 „In Deutschland hat dieses Buch wegen der lateinischen Sprache und des anders ausgerichteten Unterrichtswesens nur geringe Beachtung gefunden", urteilt allgemein FINKENZELLER, Kleutgen, S. 333–334. Als dankbaren Hörer Kleutgens bekannte sich allerdings Franz Seraph v. Hettinger; vgl. HETTINGER, Aphorismen, S. 55–56. – Der Innsbrucker Homiletiker Joseph Jungmann legte seinen Vorlesungen zunächst die *Ars dicendi* zugrunde. „Im übrigen muß er sehr bald über Kleutgen hinausgegangen sein.": CROCE, Joseph Jungmann, S. [193]. – Zu Jungmann vgl. Anm. 55 und 56 sowie Kapitel V, Abschnitt 1.

230 „Auch aus heutiger Sicht erscheint Kleutgens ‚Ars dicendi', wenn man sie als Einführung in die klassische Rhetorik liest, kaum als überholt. Anders freilich verhält es sich mit dem der geistlichen Beredsamkeit gewidmeten Teil. Nicht daß nicht auch er manches heute noch Beherzigenswerte enthielte; aber die Gesamtkonzeption, die ‚eloquentia sacra' als einen Sonderfall der Rhetorik zu behandeln, der sich lediglich durch eine eigene Topik abhebt, erscheint problematisch. Kleutgen läßt keinen Zweifel am spezifisch theologischen Charakter der Predigt, aber er würdigt sie zu wenig in ihrer formalen Eigenständigkeit [...].": WALTER, Joseph Kleutgens „Ars dicendi", S. 378.

231 Zum Verhältnis von Rhetorik und geistlicher Beredsamkeit vgl. die durch Anm. 112, 154, 223, 239, 242, 244, 266 und 348 nachgewiesenen Texte und Ausführungen.

V. Kapitel: Achille Rattis Predigtliteratur in deutscher Sprache

Giovanni Galbiati hat nicht nur überliefert, daß Ratti die *Lezioni* Audisios schätzte und benutzte, er hat auch wichtige Mitteilungen darüber gemacht, daß *deutsche* Autoren für Rattis Lehrtätigkeit eine bedeutende Rolle spielten: „[…] niemandem ist vielleicht bekannt, daß Ratti sogar in seiner theologischen und dogmatischen Lehrtätigkeit für die Alumnen des Mailänder Seminars – die er mit dem Jahr 1882 begann – besonders aus deutscher Wissenschaft schöpfte und daß er seine Vorlesungen anhand deutscher Bibliographie vorbereitete, wobei er in großer Menge Literatur und Methoden aus Deutschland benutzte und fieberhaft [sic!] jene Quellen durchforschte, die gerade im neuen Deutschland des wiederhergestellten Kaiserreichs sich auch unter den katholischen Gelehrten in reichem Maße öffneten."[232]

Bei der Würdigung dieser Ausführungen wird man Galbiatis betonte Deutschfreundlichkeit mit in Rechnung stellen, an der substantiellen Zuverlässigkeit seiner Aussage ist aber nicht zu zweifeln. Er bietet dann mit exakten bibliographischen Angaben – und ohne Schreib- und Druckfehler, was in Italien wie auch in Deutschland keineswegs selbstverständlich ist, wenn es sich um Literatur des jeweils anderen Landes handelt – eine Liste etlicher deutschsprachiger Werke aus Rattis Besitz, die, so der Zusammenhang, dessen „theologischer und dogmatischer Lehrtätigkeit" dienten. Auch in einen anderen Kontext hat er sie eingeordnet: nämlich in das Wirken Achille Rattis als Prediger für die deutschsprachigen Katholiken Mailands[233]. Da Galbiati von deutscher Literatur „in großer Menge" spricht, die Ratti benutzt habe, liegt die Vermutung nahe, daß die gebotene Liste

---

232 […] *a nessuno forse è noto come il Ratti perfino nel suo insegnamento teologico e dommatico agli alunni del Seminario milanese, – che incominciò con l'82, – si nutrisse particolarmente di scienza tedesca, preparasse le lezioni sulla scorta di bibliografia tedesca, usando in gran copia letteratura e metodi di Germania e compulsando febbrilmente quelle fonti, che appunto nella Germania nuova del rifatto impero s'andavano abbondantemente schiudendo anche fra gli studiosi cattolici […]:* GALBIATI, Pio XI evocato, S. 204.

233 *Pure per i tedeschi Egli soleva abbeverarsi a fonti allora indiscusse e che andavan per la maggiore in Germania, com'era, ad esempio […]:*GALBIATI, Pio

nur eine Auswahl darstellt, und zwar speziell im Blick auf Rattis Tätigkeit als Homiletiker und Homilet. Galbiati muß die deutsche Predigtbücherei des späteren Papstes persönlich in Augenschein genommen haben[234]. Nur so ist zu erklären, daß er Rattis Besitzvermerke sogar mit Angabe der verwendeten Schrift mitteilen konnte.

Im Folgenden stellen wir die genannten Werke in der Weise und Reihenfolge vor, wie der Biograph sie angeführt hat. Zu ihrer Charakterisierung bedienen wir uns prägnanter Aussagen, die in ihnen selbst enthalten sind, beziehungsweise treffender Bemerkungen aus der Besprechungs- oder Sekundärliteratur.

1) Drei homiletische Grundlagenwerke und eine Zeitschrift

Laut unserem Gewährsmann befanden sich in Rattis Besitz zwei Grundlagenwerke der Jesuiten Joseph Jungmann und Nikolaus Schleiniger. Auch das Buch von Alban Stolz, das Galbiati als drittes aufzählt, läßt sich dieser Gruppe zuordnen.

▶ Joseph JUNGMANN, *Theorie der geistlichen Beredtsamkeit* [sic!]. *Academische Vorlesungen* (*Theologische Bibliothek. Zweite Serie*). 2 Bände, Freiburg im Br. (Herder) 1877–1878[235].

Joseph Jungmann (1830–1885), ein Germaniker, der in den Jesuitenorden eingetreten war, wirkte von 1858 bis zu seinem Tod als Professor für geistliche Beredsamkeit und Katechetik in Innsbruck[236]. Der Pastoraltheologe Walter Croce S. J. (1912–2004), ein Nachfolger Jungmanns an der Innsbrucker Universität, urteilte: „Sein Hauptwerk *Theorie der geistlichen*

XI evocato, S. 205. – Zu Ratti als Prediger in deutscher Sprache siehe unten Kapitel VII.

234 Ob sie sich heute in der *Biblioteca Ambrosiana* oder an einem anderen Ort befindet, bedürfte einer eigenen Nachforschung. Im elektronischen Katalog der *Ambrosiana* sind die Titel gegenwärtig jedenfalls nicht nachgewiesen (Juni 2017). Dabei ist aber zu berücksichtigen, daß dieser Katalog bisher nur einen geringen Teil der Druckwerke vom *Seicento* bis zum *Ottocento* enthält.

235 GALBIATI, Pio XI evocato, S. 205; dort nur das Erscheinungsjahr 1878.

236 Zu ihm oben Anm. 55 und 56; bei SCHNEYER, Geschichte, S. 346, ist er nur am Rande erwähnt.

Beredsamkeit […] stellt einen beachtlichen Versuch dar, die Homiletik philosophisch zu unterbauen."[237]

Daneben wird Jungmann heute als Anwalt der eigentlichen Homilie gewürdigt: „Joseph Jungmann ist mit seiner Homiletik – trotz umfangreicher formaler Ausführungen – ein Schrittmacher materialer Homiletik. Er verlangt die biblische Predigt. Er befürwortet die neutestamentliche – und die alttestamentliche Homilie […]."[238]

Paul Wilhelm Keppler hat in seinem großen Lexikonbeitrag *Homiletik* von 1889 Jungmanns *Theorie der geistlichen Beredsamkeit* von der Auffassung des zweiten Jesuiten Nikolaus Schleiniger abgegrenzt: Bei Jungmann *erscheint die Homiletik vollkommen auf eigenen Grund und Boden gestellt; sie dictirt sich selbst ihre Lebensgesetzte und beugt sich denen der Rhetorik nur, wo diese mit jenen zusammentreffen oder der Gehorsam gegen sie ihr wirklichen Nutzen bringen kann*[239].

▶ Nikolaus SCHLEINIGER, *Muster des Predigers. Eine Auswahl rednerischer Beispiele aus dem homiletischen Schatze aller Jahrhunderte. Zum Gebrauche beim homiletischen Unterrichte und zum Privatgebrauche.* 2. Auflage, Freiburg im Br. (Herder) 1882[240].

Nikolaus Schleiniger (1817–1884) war an den Studienhäusern der Gesellschaft Jesu in Maria Laach und Wijnandsrade als Lehrer der Rhetorik und der Homiletik tätig[241]. Klaus Schatz sieht bei den deutschen Jesuiten im niederländischen Exil die Rhetorik allgemein in einer „Zwitterposition": „Sie war eine Kombination von Predigtausbildung mit klassischen Studien,

---

237 CROCE, Art. Jungmann; ausführlicher CROCE, Joseph Jungmann.
238 HEPP, Impulse, S. 46–48 mit S. 220–221, hier S. 48.
239 KEPPLER, Art. Homiletik, Sp. 206; vgl. die kritischen Bemerkungen in KEPPLER, Beiträge, S. 200–201. – Zum Verhältnis von Rhetorik und geistlicher Beredsamkeit vgl. die durch Anm. 112, 154, 223, 231, 242, 244, 266 und 348 nachgewiesenen Texte und Ausführungen.
240 GALBIATI, Pio XI evocato, S. 205.
241 Zu ihm oben Anm. 53 und 54; SCHNEYER, Geschichte, S. 341–342. – Zu Schleinigers Anschauungen über das Alte Testament und über die Homilie HEPP, Impulse, S. 45–46 mit S. 220.

die auf perfekte Beherrschung der alten Sprachen, intensives Studium der griechischen und lateinischen Autoren, aber auch Geschichte, hinzielten."[242]

Schleiniger selbst wird von Walter Croce folgendermaßen charakterisiert: „Begann als Lehrer der Rhetorik, für die er neben den altklassischen Vorbildern Cicero und Quintilian besonders die Gesetze der Psychologie als maßgebend erklärte. Er wandte sich sodann der geistlichen Beredsamkeit zu, erkannte deren Eigenständigkeit, besaß jedoch nicht die Kraft, sie als selbständige theologische Wissenschaft auch auszubauen."[243]

Paul Wilhelm Keppler würdigte das Werk Schleinigers so: *Die erste, auch strengeren wissenschaftlichen Anforderungen entsprechende Homiletik verdanken wir dem Jesuiten Nicolaus Schleiniger.* Dieser habe danach gestrebt, die Lösung aller Fragen der Homiletik *ebenso aus den Principien der Rhetorik, wie aus den Aussprüchen der Heiligen und der größten kirchlichen Redner und den durch die bisherigen homiletischen Untersuchungen gewonnenen Grundsätzen herzuleiten. Schleiniger machte Ernst mit dem Begriff einer geistlichen Beredsamkeit, welche nicht etwa bloß Unterart und Abart der profanen, sondern etwas Eigenes und Höheres ist. Die Unvollkommenheit seiner Homiletik liegt [...] haupsächlich darin, daß der Verfasser trotz aller Ueberzeugung von der Selbständigkeit der Homiletik doch gar zu sehr von der classischen Rhetorik eingenommen ist; er kann nicht dazu kommen, die organische und formale Gestaltung der Predigt recht eigentlich aus ihrem Wesen und ihren Aufgaben heraus vorzunehmen und die Rhetorik lediglich in ihre Stellung als Dienerin der Predigt zurückzuweisen*[244].

---

242 SCHATZ, Geschichte II, S. 88. Im Blick auf den Unterricht im Studienhaus Exaten von 1894/1895 bis 1908 – Schleiniger war schon 1884 gestorben – berichtet Schatz von zeitgenössischer Kritik: „Bemängelt wurde, dass eine eigentliche Predigtausbildung in der Rhetorik in Exaten nicht stattfinde.": ebd., S. 89. – Zum Verhältnis von Rhetorik und geistlicher Beredsamkeit vgl. die durch Anm. 112, 154, 223, 231, 239, 244, 266 und 348 nachgewiesenen Texte und Ausführungen.

243 CROCE, Art. Schleiniger.

244 KEPPLER, Art. Homiletik, Sp. 206; vgl. auch die wohlwollend-kritischen Bemerkungen in KEPPLER, Beiträge, S. 199–200. – Zum Verhältnis von Rhetorik und geistlicher Beredsamkeit vgl. die durch Anm. 112, 154, 223, 231, 239, 242, 266 und 348 nachgewiesenen Texte und Ausführungen.

Schleinigers *Muster des Predigers* ist eine Anthologie. Daß Ratti sie zur Hand hatte, paßt zu den Berichten, er habe es geliebt, in seinen Vorlesungen Predigtbeispiele aus der Tradition vorzustellen und zu erläutern.

▶ Alban STOLZ, *Homiletik als Anweisung, den Armen das Evangelium zu predigen.* Hrsg. von Jakob SCHMITT, Freiburg im Br. (Herder) 1885[245].

Alban Stolz (1808–1883) lehrte von 1847 bis 1883 als Professor für Pastoraltheologie und Pädagogik in Freiburg im Breisgau; vor allem aber war er als erfolgreicher Volksschriftsteller tätig[246]. Seine Homiletik wird heute eher skeptisch betrachtet: „Einer ‚schädlichen Überwucherung der Theorie‘ will Alban Stolz entgegentreten. Dennoch gelingt ihm kein Durchbruch zur materialen Homiletik. Die Heilige Schrift, die er persönlich so hochschätzt, ist hauptsächlich ‚Munitionslager‘ für den Prediger. Auch das Alte Testament wird – bei aller Würdigung – nur als Illustrationsbuch verschiedener Glaubenswahrheiten und Sittenlehren gesehen."[247]

Keppler, der Zeitgenosse Achille Rattis, wog die Stärken und die Schwächen folgendermaßen gegeneinander ab: *Wenn in diesen beiden, unbedingt wichtigsten homiletischen Compendien* [von Jungmann und Schleiniger. Rb.] *der wissenschaftliche Standpunkt streng gewahrt erscheint, so will die Homiletik von Alban Stolz […] als „Anweisung, den Armen das Evangelium zu predigen", ziemlich radikal mit dem bloßen Theoretisiren aufräumen, insbesondere auf die Popularität der Predigt allen Nachdruck legen und nur lehren, wie man „auf dem Dorf predigen" müsse. Die trefflichen praktischen Winke des edlen Volksmannes und Volksschriftstellers sind sehr geeignet, einer schädlichen Ueberwucherung der Theorie auf diesem Gebiete entgegenzutreten; die Absonderlichkeiten und Einseitigkeiten aber, welche dieser Homiletik anhaften, sind nur ein Beweis mehr, wie unentbehrlich eben im Interesse der Praxis auch auf diesem Gebiet eine gründliche Untersuchung der theoretischen Fragen ist*[248].

---

245 GALBIATI, Pio XI evocato, S. 205.
246 Zu ihm Klaus ROOS, Art. Stolz, Alban Isidor, in: LThK³ 9 (2000), Sp. 1019; SCHNEYER, Geschichte, S. 337–338. – SCHNEYER, Geschichte, S. 338, spricht von den „gesunden Ansichten" der Stolz'schen Homiletik.
247 HEPP, Impulse, S. 48–49 mit S. 221, hier S. 49.
248 KEPPLER, Art. Homiletik, Sp. 206–207.

In Rattis deutscher Predigtbibliothek wurden die genannten Grundlagenwerke durch drei Jahrgänge der Zeitschrift *Chrysologus* nebst einer Zugabe ergänzt:

▶ *Chrysologus. Eine Monatsschrift für katholische Kanzelberedsamkeit.* Hrsg. von Heinrich Nagelschmitt, Paderborn – Münster (F. Schöningh) 25 (1885), 26 (1886), 27 (1887)[249].

▶ *Abhandlungen und Aufsätze aus dem Gebiete der Homiletik und Katechetik (Zugabe zum „Chrysologus").* Siebenter Zyclus. Hrsg. von Heinrich Nagelschmitt, Paderborn – Münster (F. Schöningh) 1886[250].

Diese nach dem Bischof und Kirchenlehrer Petrus Chrysologus (um 380–451), dem „Goldredner" von Ravenna, benannte und in Paderborn verlegte Predigtzeitschrift gehörte zu den wichtigen Organen des Fachs[251]; sie erschien von 1861 bis 1941, zeitweise von den *Abhandlungen und Aufsätzen* begleitet. Auf dem Titelblatt von *Chrysologus* hieß es während der ersten Jahrzehnte: *in Verbindung mit mehreren Geistlichen, zunächst aus der Rheinprovinz und Westfalen, herausgegeben von Heinrich Nagelschmitt, Oberpfarrer in Zülpich*[252].

Die Zeitschriftenbände könnten, wie es ähnlich ja oft geschieht, zufällig in den Besitz Rattis gelangt sein. Wahrscheinlicher ist aber, daß der italienische Predigtlehrer und Prediger sich bewußt mit der praktischen Behandlung der Predigt in Deutschland bekanntmachen wollte. Diese Vermutung

---

249 GALBIATI, Pio XI evocato, S. 205–206.
250 GALBIATI, Pio XI evocato, S. 206.
251 Einige Angaben zu *Chrysologus* im Kontext der übrigen Predigtzeitschriften bei BROSSEDER, Priesterbild, S. 91 und S. 414. Instruktiv ist die zeitgenössische Grundsatzkritik von KEPPLER, Predigt-Zeitschriften; darin auch Beispiele aus *Chrysologus*. – Zu dem Namenspatron der Zeitschrift Marianne PIEKARSKI, Art. Petrus Chrysologus, in: LThK³ 8 (1999), Sp. 117–118; SCHNEYER, Geschichte, S. 85.
252 So liest man also auch auf den Titelblättern der Jahrgänge 25 bis 27 (1885 bis 1887), von denen sich jeweils ein Exemplar in Rattis Besitz befanden. – Zu Heinrich Nagelschmitt (1814–1892) siehe HÖPGEN, Kommunionerinnerungsbild, S. 187–191 (mit Analyse einer von Nagelschmitt verfaßten Predigtvorlage); ein Biogramm Nagelschmitts bei Paul HEUSGEN, Das Dekanat Zülpich (Geschichte der Pfarreien der Erzdiözese Köln. 2. Folge, 2), Siegburg 1958, S. 100 (auch zit. von HÖPGEN, Kommunionerinnerungsbild, S. 187 Anm. 28).

wird flankiert von der Mitteilung Galbiatis, daß Ratti auch auf mehrere katechetisch-religionspädagogische Zeitschriften aus Deutschland abonniert war, namentlich auf die *Monatsblätter für den katholischen Unterricht an den höheren Lehranstalten*[253]. Schließlich kann man nicht übersehen, daß die Jahrgänge 1885, 1886 und 1887 des *Chrysologus* genau in die Kernjahre von Rattis homiletischer Lehrtätigkeit trafen.

---

253 GALBIATI, Pio XI evocato, S. 208. – Eine Predigt Nagelschmitts über den Taufbrunnen in SCHLEINIGER, Muster (Verf. hatte, als er diese Anmerkung einfügte, leider nicht die 2., sondern nur die 3., von Karl RACKE besorgte Aufl., Freiburg im Br. 1895, zur Hand: darin Nr. 260, S. 748–751). – **Exkurs: Achille Ratti und der Kölner Religionspädagoge Karl Oberdörfer:** Die *Monatsblätter für den katholischen Unterricht an den höheren Lehranstalten* geben uns Anlaß zu einigen Bemerkungen. Galbiati verzeichnet in seiner *Bio-Bibliografia* für 1902 einen Besuch Rattis in Köln und die Begegnung mit dem „Priester Prof. Karl Oberdörfer": *Il Ratti visita Colonia sul Reno e s'incontra col sac[erdote] prof. Carlo Oberdörfer.*: GALBIATI, Pio XI evocato, S. 284. Weiter registriert er für 1907 eine zweite Reise Rattis an den Rhein; in Köln sei dieser abermals Gast bei Prof. Oberdörfer gewesen.: *Il Ratti va una seconda volta sul Reno, ospite ancora a Colonia del prof. Karl Oberdörfer, e visita parecchie città Renane, fra cui Düsseldorf.*: ebd., S. 292. Die freundschaftliche Verbindung der beiden dauerte bis zum Tod des späteren Papstes. – Karl Wilhelm Oberdörfer, 1860 geboren, 1888 zum Priester geweiht, 1924 in das Kölner Metropolitankapitel berufen und 1945 verstorben, war seit 1896 als Oberlehrer am Städtischen Gymnasium und Realgymnasium in der Kreuzgasse zu Köln tätig, seit 1906 mit dem Titel eines Professors. Über ihn BENZ, Oberdörfer; der Autor hat sich vornehmlich auf rheinische Archivalien und auf die Befragung von Gewährsleuten gestützt; die Daten 1902 und 1907 sind ihm unbekannt geblieben. – Über lange Jahre unterrichtete Oberdörfer katholische Religionslehre. Die Schulgottesdienste für das Gymnasium in der Kreuzgasse hielt er in der Pfarrkirche St. Kolumba; vgl. BENZ, Oberdörfer, S. 30. Ratti soll sie bei seinen Besuchen in Köln beobachtet und studiert haben; bisher fehlt dafür allerdings ein ausdrücklicher Quellenbeleg. – Im Jahre 1900 war Oberdörfer an der Gründung der *Monatsblätter für den katholischen Unterricht an den höheren Lehranstalten* beteiligt: vgl. BENZ, Oberdörfer, S. 36. *Daß* Ratti Abonnent dieser Zeitschrift war, wissen wir durch Galbiati; *wann* er sie abonniert hat, ob schon *vor* oder erst *nach* der Bekanntschaft mit Oberdörfer, erfahren wir leider nicht. In jedem Fall wird hier eine Verbindungslinie zwischen dem Mailänder Bibliothekar und dem Kölner Religionspädagogen erkennbar. – Die deutschen Zeitschriften dürften vor allem der katechetischen Tätigkeit Rattis unter den deutschsprachigen Katholiken Mailands zugute gekommen sein, von der noch die Rede sein wird.

Die drei Bände enthalten Predigten zum gesamten Kirchenjahr und zu besonderen Anlässen, publiziert von Autoren, die damals regelmäßig an der Zeitschrift mitarbeiteten; besondere personelle Beziehungen zu Ratti sind für uns nicht zu erkennen. Die *Abhandlungen und Aufsätze* von 1886 wie auch die Zugaben, die unmittelbar vorher und nachher erschienen, enthalten unter anderem Predigtreihen aus dem Nachlaß von Franz Xaver Dieringer (1811–1876)[254]. Er dürfte der einzige aus dem Kreis der Autoren sein, der heutzutage noch nicht völlig vergessen ist[255].

2) Das Predigtamt aus dem Blickwinkel der Aszetik

Das nächste deutschsprachige Buch muß verhältnismäßig früh in Rattis Privatbibliothek gekommen sein; laut Giovanni Galbiati findet sich auf dem Vorsatz in deutscher Sprache der eigenhändige Besitzvermerk: *Priester Achilles Ratti*, geschrieben in „deutscher Fraktur" mit „noch jugendlicher Hand" und „gewissermaßen zu Übungszwecken", während Ratti sich im Deutschen sonst der lateinischen Schrift bedient habe[256]. Dieses Buch gehört zum Bereich der Aszetik:

---

254   Er war Professor für Dogmatik und Homiletik an der Universität Bonn, Gründer und Leiter des homiletisch-katechetischen Seminars sowie Universitätsprediger; vgl. POIREL, S. 16–40 („biographische Skizze"); Herman H. SCHWEDT, Art. Dieringer, Franz Xaver, in: LThK³ 3 (1995), Sp. 219; GATZ, Dieringer. – Zu seinem Wirken als Homiletiker und Universitätsprediger GATZ, Dieringer, S. 69–71; ein knapper Hinweis auf ihn im Kontext der allgemeinen Predigtgeschichte bei KEPPLER, Beiträge, S. 201 mit S. 203.

255   Diese Predigten müßten einmal bibliographiert und auf ihr Verhältnis zu jenen Predigtreihen untersucht worden, die Dieringer zu seinen Lebzeiten in Buchform veröffentlicht hat. POIREL, Idee, bringt dazu keine Angaben. Einer Überprüfung bedarf das Diktum, mit welchem Erwin Gatz seinen biographischen Essay beginnt: „Die Schriften des Bonner Dogmatikers Franz Xaver Dieringer besitzen heute nur noch geschichtlichen Wert.": GATZ, Dieringer, S. 60.

256   *Questo volume porta sul foglio di riguardo perfino il nome autografo vergato in frattura tedesca con mano ancor giovane: «Priester Achilles Ratti». Diciamo, scritto con mano giovane e quasi per esercitazione, perchè effettivamente Msgr. Ratti scriveva il tedesco sempre in alfabeto latino.*: GALBIATI, Pio XI evocato, S. 206.

► Conrad TANNER, *Bildung des Geistlichen durch Geistesübungen. Fünfte Auflage, neu bearbeitet und hrsg.* von Athanas TSCHOPP, Einsiedeln (Benziger) 1846[257].

Das Werk des P. Conrad (Konrad) Tanner O. S. B. (1752–1825)[258] war erstmals 1807 erschienen. Im folgenden Jahr wurde der Autor Abt von Einsiedeln. Er hat in seinem Buch das Leben und Wirken des Priesters in den verschiedenen Lebenslagen dargestellt. Gegliedert ist es so: Auf die einleitende Betrachtung folgen sieben Tage mit je vier und ein Tag mit zwei Betrachtungen[259]. Laut Galbiati nahm Achille Ratti das Buch als Professor „oft zur Hand für seine rednerische Bildung"[260]. Diese Angabe muß sich in erster Linie beziehen auf: *Des zweiten Tages zweite Betrachtung. Der Priester auf der Kanzel*[261].

Dort fragt Tanner im ersten Punkt: *Was thut der, welcher nur sich selbst prediget?*[262] Die Antwort entfaltet er in drei Schritten: *Erstens: Die Absicht beim Predigen ist der Beifall der Menschen*[263]. *Zweitens: Der Antrieb zum Predigen ist die Eigenliebe*[264]. *Wer sich selbst prediget, dessen Mittel ist drittens – gewöhnlich eine geistlose Künstelei*[265]. In diesem dritten Abschnitt wird nicht zuletzt das Übergewicht einer äußerlichen Rhetorik kritisiert[266].

---

257 Ebd..

258 Zu ihm Gregor JÄGGI, Art. Tanner, Konrad, in: HLS 12 (2013), S. 196; Rudolf HENGGELER, Art. T., K., in: LThK[1] 9 (1937), Sp. 989; Gabriel MEIER, Art. T., K., in: WETZER – WELTE 11 (1899), Sp. 1203–1204.

259 Vgl. die Inhaltsübersicht bei TANNER, Bildung, S. [659]-662.

260 *Un libro che in quegli anni Egli ebbe molto fra mano per la sua educazione oratoria* [...].: GALBIATI, Pio XI evocato, S. 206.

261 Vgl. TANNER, Bildung, S. 115–143.

262 TANNER, Bildung, S. 116.

263 Ebd.

264 TANNER, Bildung, S. 122.

265 TANNER, Bildung, S. 125.

266 *Schöne Worte, die nur die Luft bewegen, – frappante Gedanken, die nur dem Vorwitze Genüge leisten, – lebhafte Redefiguren, die die Phantasie angenehm unterhalten, – künstliche Wendungen, die nur gefallen, – ein prächtiger Vortrag, der den Zuhörer in Erstaunen setzt, – kurz, all der äußere Aufwand der Kunst und der Natur – sind noch nicht die Kennzeichen eines apostolischen Mannes, der einen glücklichen Krieg gegen die Hölle, gegen die Welt und gegen die herrschenden Laster zu führen im Stande ist.*: TANNER, Bildung, S. 126. – Zum Verhältnis von Rhetorik und geistlicher Beredsamkeit vgl. die

Der zweite Punkt der Betrachtung gilt der Frage: *Was soll der thun, der nur Jesum Christum predigen will?*[267] Grundsätzlich bemerkt Tanner: *In keiner Wissenschaft ist es so nothwendig, den Unterricht bei sich selbst anzufangen, als bei der Wissenschaft des Heils*[268]. So legt er größten Wert darauf, daß beim Prediger das gelebte Beispiel und das Wort zusammenstimmen: *Also – **thun** und **lehren** – heiße ich Christum predigen, wie er will gepredigt seyn; oder, was dasselbe sagen will: Mit dem **Beispiele** müssen wir dem Volke zeigen, was wir in der Schule Christi gelernt haben, damit es eine rechte Begierde nach der Lehre des Heils fasse; – mit dem **Worte** müssen wir dem Volke zeigen, was es nach der Lehre Christi zu thun hat, damit es den sichern Weg zur Seligkeit nicht verfehle*[269].

Von dem Priester, der ein gutes Beispiel gibt, der *predigt, wenn er auch schweigt*, sagt Tanner: *Erscheint er auf der Kanzel, so geht gleichsam Ehrfurcht und Ueberzeugung vor ihm her. […] Man glaubt bereitwillig, was er sagt; denn er thut, was er lehrt*[270]. Von der Predigt selbst verlangt der Autor: *Wo man nur Christum, und nicht sich selbst predigen will, – oder mit andern Worten: wo man mit Nutzen vor seiner kleinen oder großen Herde erscheinen will, – da muß, so scheint es mir, – unser Herz selbst gerührt, – die Worte verständlich , – die Gründe richtig angegeben, – die Furcht verbannt, – die Zuhörer wohl in Betracht gezogen seyn*[271]. Diese Forderungen entfaltet Tanner in eindringlicher Sprache[272].

Wenn Galbiatis Aussage, Ratti habe das Buch Tanners „für seine rednerische Bildung" „oft zur Hand genommen", zutrifft, müssen wir daraus den Schluß ziehen: Ratti war darauf bedacht, seiner Tätigkeit als Predigtlehrer und Prediger eine theologisch-aszetische Grundlage zu geben, und er schätzte für diesen Zweck die *Bildung des Geistlichen durch Geistesübungen*[273].

---

durch Anm. 112, 154, 223, 231, 239, 242, 244 und 348 nachgewiesenen Texte und Ausführungen.

267 Tanner, Bildung, S. 130.
268 Ebd.
269 Ebd. (Hervorhebungen original).
270 Tanner, Bildung, S. 132.
271 Tanner, Bildung, S. 135.
272 Vgl. Tanner, Bildung, S. 135–141.
273 Achille Ratti bietet nicht das einzige Beispiel für die Rezeption des Buches von Tanner. Als Erzbischof Johannes v. Geissel (1796–1864) in der Erzdiözese

3) Materialien für die Predigt aus Kirchengeschichte und Apologetik

Die beiden Titel, die Galbiati als nächste aufgeführt hat, gehören nicht zur homiletischen Literatur im engeren Sinn; es sind Bücher, die Materialien für einzelne Aspekte konkreter Predigten bereitstellten:

▶ Heinrich BRÜCK, *Lehrbuch der Kirchengeschichte für akademische Vorlesungen und zum Selbststudium*. 2. Auflage, Mainz (Franz Kirchheim) 1877[274].

Galbiati merkt an, daß Ratti aus Brücks Lehrbuch „gerne" „die Kirchengeschichte zur Verwendung in Predigten für Deutsche" schöpfte[275]. Dies bedeutet wohl, daß es dem italienischen Prediger willkommen war, bei Brück Beispiele aus der Kirchengeschichte auf Deutsch formuliert zu finden. Auch von diesem Lehrbuch weiß Galbiati, daß es „in nationaler deutscher Schrift" den autographen Besitzvermerk *Achilles Ratti* enthält; dieser stamme aus der gleichen Zeit wie der im Buch von Tanner, also aus verhältnismäßig frühen Jahren[276].

Heinrich Brück (1831–1903) lehrte durch vier Jahrzehnte Kirchengeschichte am Priesterseminar zu Mainz und wurde als alter Mann im Jahre 1900 noch Bischof dieser Stadt[277]. „[...] sein wenngleich stofflich überlastetes und wie alle Veröffentlichungen apologetisch zugespitztes Lehrbuch

---

Köln die jährlichen Priesterexerzitien einführte, beauftragte er damit „zuerst den Benrather Pfarrer Heubes, der die ersten offiziellen Exerzitien vom 21. bis 28. Oktober 1845 abhielt und ihnen Konrad Tanners *Bildung der Geistlichen durch Geistesübungen* von 1807 zugrundelegte, ein Werk, das später in einigen Kölner Pastoralkonferenzen für die geistliche Lesung herangezogen wurde. Sie fanden ein so positives Echo im Klerus, daß sie in den kommenden Jahren wiederholt werden mußten.": LANGENFELD, Bischöfliche Bemühungen, S. 342; vgl. dort auch S. 367.

274 GALBIATI, Pio XI evocato, S. 206.
275 *Invece, la storia ecclesiastica per elaborazione ad uso di prediche per tedeschi Egli ricavava volentieri dal Lehrbuch* [...]: GALBIATI, Pio XI evocato, S. 206 (Hervorhebung original).
276 Zu dem Besitzvermerk heißt es ebd.: [...] *anch'essa* [d. h. die zweite Auflage von Brück] *reca in sul principio l'autografo «Achilles Ratti», pure in carattere nazionale tedesco e di mano della stessa epoca del precedente*.
277 Zu ihm Friedhelm JÜRGENSMEIER, Art. Brück, Heinrich, in: LThK³ 2 (1994), Sp. 709.

der Kirchengeschichte fand großen Anklang, was sich schon in der Tatsache spiegelt, daß es in mehrere Sprachen übersetzt wurde."[278]

▶ Franz HETTINGER, *Die Apologie des Christenthums. 5 Bände. 6. Auflage*, Freiburg im Br. (Herder) 1885–1887[279].

Jeder der fünf Bände trägt von der Hand Achille Rattis auf deutsch den Vermerk: *Geschenk aus Berlin des Freundes Carl de Herra, den 24 Dec. 1887.*[280] Dies bedeutet, daß der Freund Carlo De Herra[281] das Werk aus

---

278 BRÜCK, Art. Brück, S. 75–76, mit Hinweis auf die italienische Ausgabe des Lehrbuchs, Bergamo 1897; die erste italienische Ausgabe (in zwei Teilen) erschein laut «Catalogo del servizio bibliotecario nazionale» dortselbst allerdings schon 1888.

279 GALBIATI, Pio XI evocato, S. 207. – Zu Hettinger oben Anm. 34.

280 *Il Ratti ebbe molto cara quest'opera tanto d'aver apposto a ciascuno dei cinque volumi la scritta di suo pugno, non più però in frattura, [...].*: GALBIATI, Pio XI evocato, S. 207.

281 Die Familie De Herra gehört zum niederen Adel (*nobili*) der Lombardei. Im Jahre 1979 schenkte sie dem Staatsarchiv zu Mailand einen Bestand an Familienpapieren; Einzelheiten bietet die im Internet unter www.lombardiabenicul turali.it/archivi/complessi-archivistici/MIBA002CE2 [Zugriff am 13. Juli 2016] veröffentlichte Bestandsübersicht. – Nach den dortigen Angaben und anderen verstreuten Mitteilungen heiratete der Nobile Don Alberto De Herra, der 1848 im Gefolge der *Cinque Giornate di Milano* auf der Festung Kufstein inhaftiert worden war, später die Contessa Fulvia Sormani. Es scheint, daß es sich bei Carlo De Herra, der dem Achille Ratti Hettingers *Apologie* schenkte, um einen ihrer Söhne handelt. – Die Heirat De Herra – Sormani erwähnt auch Matteo TURCONI SORMANI, Le grandi famiglie di Milano. Dai Visconti agli Sforza, dai Crespi ai Pirelli, dai Falck ai Rizzoli (Quest'Italia, 371), Roma 2015, S. 297. – Außerdem einige Nachrichten zur Familie bei Ignazio CANTÙ, L'Italia scientifica contemporanea [...], Milano 1844, S. 173 *sub voce* De Herra, Ferdinando (ein Dank für den Hinweis an Prof. Dr. Christoph Weber, Düsseldorf). – Weitere Aufschlüsse dürften sich aus den oben genannten Archivalien ergeben: ARCHIVIO DI STATO DI MILANO, Fondo Dono De Herra. – Die Familie De Herra unterhielt in dem Ort Visino in der Pfarrei Asso (Provinz Como) einen Wohnsitz, vermutlich einen Sommersitz. Pfarrer von Asso mit dem Titel *prevosto* war seinerzeit Don Damiano Ratti, ein Onkel von Achille. Bei ihm verbrachte der Neffe als Seminarist mehrmals seine Ferien. Vermutlich hat Achille über Don Damiano auch Mitglieder der Familie De Herra kennengelernt, zumal der damalige Erzbischof von Mailand, Luigi Nazari dei conti di Calabiana, wegen seiner angeschlagenen Gesundheit zeitweise im Haus der De Herra weilte und von dort aus öfters Don Damiano Ratti besuchte. Dabei trat er auch in Kontakt

Berlin geschickt oder mitgebracht hatte; es war also möglicherweise als Weihnachtsgeschenk gedacht.

Galbiati bemerkt ausdrücklich, daß Ratti der *Apologie* Hettingers „Beispiele, Abschnitte und Beweise von hohem apologetischem Charakter entnahm, um sie seinen Reden einzufügen."[282] Laut der von Christian Schaller versuchten Charakterisierung der *Apologie* „fallen sofort die umfangreiche Kenntnis der zeitgenössischen philosophischen Literatur, seine Aufgeschlossenheit den Naturwissenschaften gegenüber und seine Fähigkeit, Sprache als ästhetische Kraft zur Überzeugung zu nutzen, auf – Momente, die ihn [Hettinger] von manch monoton anmutenden Arbeiten einiger Neuscholastiker abheben."[283] An diesem Punkt erinnern wir uns daran, daß Achille Ratti mit einem eigenen Beitrag zur Frage der Evolution hervortrat und sich sehr für Mathematik und Naturwissenschaften interessierte[284]. Außerdem zeichnete er sich als Prediger, wie wir noch sehen werden, durch seine Sprachkultur aus. Es liegt nahe, daß er sich von einem Werk wie Hettingers *Apologie* angesprochen fühlte.

4) Vier Predigtvorlagen für den Monat Mai

Die nächste Gruppe deutscher Bücher diente eindeutig einem besonderen praktischen Zweck: der Maiandacht[285]. Galbiati nennt verkürzt zuerst ein Werk von Franz Xaver Künzer (1819–1881), seit 1858 Domkapitular und Domprediger in Breslau[286]:

---

mit Achille; vgl. NOVELLI, Pio XI, S. 26–28. – Eine größere Photographie des Don Damiano Ratti bei NOVELLI, Pio XI, S. 27, eine solche des Erzbischofs ebd., S. 28. Zu Nazari di Calabiana auch APECITI, Disagio. – Wir wissen nicht, ob es mehr als ein Zufall war, daß Achille Ratti in De Herras Geschenk, nämlich im ersten Band von Hettingers *Apologie*, ein Sterbebildchen seines Onkels Don Damiano aufbewahrte; vgl. GALBIATI, Pio XI evocato, S. 207.

282 [...] *esempi, saggi e dimostrazioni di alta indole apologetica da inserire nei suoi discorsi* [...]: GALBIATI, Pio XI evocato, S. 206.

283 SCHALLER, Organum salutis, S. 96–97.

284 Vgl. oben Anm. 17–20 sowie NOVELLI, Pio XI, S. 30–31.

285 Dazu Kurt KÜPPERS, Art. Maiandacht, in: LThK³ 6 (1997), Sp. 1200.

286 Zu ihm HEIDUK, Oberschles. Lit. Lex., Teil 2: I-P (1993), S. 81–82. – Die dort angegebene Literatur, u. a. die bekannten Handbücher zu den Abgeordneten des Deutschen Reichstages u. des Preußischen Abgeordnetenhauses, ist zu ergänzen durch: Joseph Hubert REINKENS. Briefe an seinen Bruder Wilhelm (1840–1873). Eine Quellenpublikation zum rheinischen und schlesischen

▶ Fr[anz] X[aver] KÜNZER, *Die lauretanische Litanei, (dogmatisch) zur Erbauung des christlichen Volkes erklärt in einunddreißig Kanzelvorträgen (, gehalten während des Mai-Monates 1860 in der Pfarrkirche zu St. Dorothea in Breslau)*, Regensburg (G. J. Manz) 1860[287].

Ein Schlaglicht auf das rednerische Profil des Breslauer Dompredigers[288] werfen zwei Zitate aus seinen Maipredigten. Einleitend sagte Künzer über die lauretanische Litanei: *Ihr kennet sie und habet sie von zarter Jugend auf gewiß schon unzählige Mal gebetet und gesungen*[289]. *Ob immer mit der gebührenden Andacht und segensreichem Erfolge? Gott weiß es! Aber wir haben uns vorgenommen, mit Gottes Beistande und unter der Fürbitte der allerseligsten Jungfrau Maria diese lauretanische Litanei zum Gegenstande einer Reihe von Betrachtungen zu machen, die keine andere Absicht haben, als zugleich mit der Förderung der Ehre Gottes und der Verehrung der seligsten Jungfrau Maria unser Seelenheil zu wirken. Und weil es für uns alle kein würdigeres und höheres Ziel gibt, so hoffen wir zu Gott, ihr werdet eben so freudig als andächtig diesen Betrachtungen mit Geist und Herz folgen. Also im Namen Gottes und Ave Maria!*[290]

Katholizismus des 19. Jahrhunderts und zu den Anfängen der Altkatholischen Bewegung. Hrsg. von Hermann Josef SIEBEN, 3 Teile [durchlaufend paginiert] (Bonner Beiträge zur Kirchengeschichte, 10/I-III), Köln – Wien 1979, Reg.

287 GALBIATI, Pio XI evocato, S. 207. Die Teile des Titels, die in runden Klammern stehen, sind bei Galbiati nicht zitiert.

288 Die ersten oratorischen Arbeiten, die Künzer in seiner Zeit als Domprediger veröffentlichte, erschienen unter dem Titel *In Christo allein ist Heil!* 1860 in Mainz *zum Besten des Domes in Worms*. Im Vorwort sprach Bischof Wilhelm Emmanuel Freiherr v. Ketteler, zu dessen Diözese Worms gehörte, von inhaltlich *wichtigen* und durch ihre *Formschöne so ansprechenden Predigten.*: NEUBACH, Domprediger, S. 423. Hinweise zur Eigenart der Predigten ebd., S. 424.

289 Diese Feststellung traf vielerorts auch lange danach noch zu, mindestens bis um die Mitte der 1960er Jahre. Konkret ist dies die Erinnerung des Verf. an die Maiandachten in seiner Heimatstadt Aachen. – Allgemein Balthasar FISCHER, Art. Litanei. I. Liturgisch, in: LThK³ 6 (1997), Sp. 954–955, hier Nr. 3, Sp. 955.

290 KÜNZER, Lauretanische Litanei, S. [5]-6. – Im Text des Buches finden sich ungewöhnlich viele Stellen in Sperrdruck; oft ist aber nur schwer zu erkennen, ob es sich dabei um echte Hervorhebungen handelt oder um Dehnungen, welche der gleichmäßigen Füllung der Zeilen dienen. In unseren Zitaten wird dies – mit einer Ausnahme – nicht berücksichtigt.

Den Zyklus schloß der Domprediger mit den Worten: *Habet Ihr schon auf den Sturm geachtet, wenn er von der Höhe kommt, immer näher und stärker braus't, bis er wie mit einem*[291] *kräftigen Hauche Gewalt braucht, und dann wieder zurückweichet, immer noch wehend und vernehmbar? So ist die betende Christenheit mit dem Flehen ihrer Litanei; von oben kommt das Gebet, ergreift Millionen, Himmel und Erde betet, Maria fleht mit ihren unzähligen Kindern, und mit dem Himmel und Erde durchdringenden Rufe: „O, du Lamm Gottes, das Du hinwegnimmst die Sünden der Welt, verschone, erhöre und erbarme Dich unser, o Herr!"*[292] *gebraucht die Christenheit Gewalt, um das Himmelreich an sich zu reißen*[293]. *Sterbend sinken die Einzelnen nieder, Einer nach dem Andern, aber von der, im Tode zitternden, Lippe haucht und in dem brechenden Herzen weht es noch: „Christus höre uns! Christus erhöre uns! Herr erbarme Dich unser!"*[294] *Amen*[295].

Von Schlesien führt uns Galbiatis Liste nach Baden:

▶ Kist, Leopold, *Die Lauretanische Litanei in einunddreißig Vorträgen erklärt. Zweite, (umgearbeitete und) zum Gebrauch bei der Maiandacht eingerichtete Auflage*, Mainz (Franz Kirchheim) 1867[296].

Leopold Kist (1824–1902) erscheint auf dem Titelblatt als *Pfarrer zu Stetten am kalten Markt in der Erzdiöcese Freiburg*. Zuvor hatte er etliche andere Seelsorgestellen innegehabt. „Später von einem nervösen Leiden heimgesucht, unternahm er mehrere große Reisen, deren Früchte er schriftstellerisch verwertete, so daß er sich als christlicher Volksschriftsteller einen angesehenen Namen verschaffte."[297] Sein Buch über die Marienlitanei erlebte 1885 eine dritte Auflage, wiederum *zunächst zum Gebrauche für die Maiandacht*[298].

---

291 Hervorhebung original.
292 „ … *verschone, erhöre, erbarme Dich unser, o Herr!*": Kontraktion der drei unterschiedlichen „Lamm-Gottes"-Rufe, die am *Schluß* der Litanei stehen.
293 Freie Abwandlung von Matthäus 11, 12: *Seit den Tagen Johannes' des Täufers bis heute wird dem Himmelreich Gewalt angetan; die Gewalttätigen reißen es an sich* (Einheitsübersetzung).
294 Der Prediger greift hier noch einmal die *einleitenden* Rufe der Litanei auf.
295 KÜNZER, Lauretanische Litanei, S. 181–182.
296 GALBIATI, Pio XI evocato, S. 207.
297 MAYER, Necrologium Friburgense, S. 33–34.
298 Diese Aufl. ist bei MAYER, Necrologium Friburgense, nicht aufgeführt.

Nicht auf der lauretanischen Litanei, sondern auf anderen Mariengebeten der christlichen Überlieferung sind zwei weitere Zyklen von Maiandachten aufgebaut:

▶ Thim, Anton, *Einunddreißig Betrachtungen über das Ave Maria. Vorträge für die Maiandachten mit einer Einleitungsrede für den 30. April abends*, Regensburg (G. J. Manz) 1887[299].

▶ Thim, Anton, *Das Salve Regina erklärt durch die heilige Schrift, die heiligen Väter und durch die Erfahrung. Zweiunddreißig Erwägungen für die Maiandachten und Marienfeste des Kirchenjahres*, Regensburg (G. J. Manz) 1889[300].

Anton Thim erscheint auf den Titelblättern als *Pfarrer im Riesengebirge*[301]. Bei seiner Erklärung des *Salve Regina* verdient Beachtung, daß als deren Quellen neben Schrift und Tradition auch die *Erfahrung* genannt wird. Thims Vorträge über das *Ave Maria* kamen 1913 in einer *durchgesehenen* zweiten Auflage heraus. Der bereits erwähnte Domprediger und Homiletiker Peter Hüls urteilte über sie: *Aus dem Leben und für das Leben, Denken und Fühlen einer glaubenstreuen Gemeinde, in der der Seelsorger wie ein Vater dasteht, sind die 31 **Betrachtungen über das Ave Maria** gedacht, die Dechant Anton Thim als Vorträge für Maiandachten bietet. […] Sie lehnen sich eng an die gemütvolle Auslegung des **Ave Maria** von P. Hattler S. J. und können gute Dienste tun, um den vertraulichen Ton zu zeigen, der gerade den Vorträgen für Maiandachten so gut steht und doch so leicht abgeht, wo die hergebrachte Schablone thematischer Predigten vorwaltet*[302].

---

299 Galbiati, Pio XI evocato, S. 207.

300 Galbiati, Pio XI evocato, S. 207–208.

301 Bisher ist es dem Verf. noch nicht gelungen, Genaueres über Thim zu ermitteln. Dieser wird als *Dechant* bezeichnet (vgl. den durch Anm. 302 nachgewiesenen Text) – aber in welcher Diözese? Die Angabe *im Riesengebirge* ist zu allgemein, und die Personalschematismen der möglicherweise in Betracht kommenden Diözesen – dazu noch aus den einschlägigen Jahren! – sind mit vertretbarem Aufwand kaum zu erreichen. Nützliche Hinweise wären dem Verf. willkommen.

302 Hüls, Homiletische Rundschau II, Sp. 68. – Zu Thims Vorbild siehe Josef Fiedler, Art. Hattler, Franz Seraph, in: LThK² 5 (1960), Sp. 27.

VI. Kapitel: Achille Rattis Predigttätigkeit, namentlich im Mailänder *Cenacolo*

Die schon oft zitierte Biographie Pius' XI. von Angelo Novelli enthält nicht nur Hinweise darauf, wie Achille Ratti das Fach der *Sacra eloquenza* lehrte; wir finden in ihr auch wertvolle Angaben zur eigenen Predigttätigkeit des Professors. Diese führt uns in die Kapelle und das Haus der „Schwestern Unserer Lieben Frau vom Abendmahlssaal" (*Suore di Nostra Signora del Cenacolo*) in Mailand[303]. Ratti war im November 1882, also fast gleichzeitig mit seiner Ernennung zum Professor, zu deren Hauskaplan bestimmt worden: ein Amt, das er durch mehr als drei Jahrzehnte, das heißt während der ganzen Zeit seines Wirkens in Mailand, ausgeübt hat[304]. An einer der Hauptaufgaben der Schwesterngemeinschaft, der Katechese bei allen sozialen Schichten der Bevölkerung, beteiligte er sich tatkräftig durch eigene Initiativen. Angelo Novelli hat darüber anhand der Hauschronik der Schwestern einige Mitteilungen gemacht[305]. Aus diesen Angaben läßt sich das folgende Bild rekonstruieren.

1) Prediger, Redner und Katechet im *Cenacolo* – eine Übersicht

► Am 18. Januar 1883 begann Achille Ratti mit der Katechese für die Erstkommunionkinder aus allen Schichten, eine Tätigkeit, die er während der gesamten Mailänder Zeit beibehielt[306].

---

303 Offizieller und vollständiger Name: *Sœurs de N.-D. de la Retraite au Cénacle*; zu ihnen Karl Suso FRANK, Art. Coenaculum II. Schwestern vom C., in: LThK³ 2 (1994), Sp. 1251; Giancarlo ROCCA, Art. Nostra Signora del Ritiro al Cenacolo, in: DIP 6 (1980), Sp. 422–424. – Außerdem Pierre PÉANO, Art. Maria Vittoria Couderc, in: DIP 5 (1978), Sp. 975–976; Ferdinand BAUMANN, Art. Couderc, Marie-Victoire-Thérèse, in: LThK² 3 (1959), Sp. 77.

304 Vgl. CATTANEO, Achille Ratti prete, S. [109]-110; NOVELLI, Pio XI, S. 81–87 (mit Abb. u. a. der Kapelle). – In jüngster Zeit wurden die Beziehungen Rattis zum *Cenacolo* noch viel deutlicher erkennbar durch die Edition: RATTI, Lettere Cenacolo.

305 *Dai sopra menzionati annali della comunità religiosa si desumono i seguenti ragguagli.*: NOVELLI, Pio XI, S. 84.

306 Vgl. ebd.

▶ Seit dem 4. Februar 1883 hielt er an jedem Donnerstag des Schuljahres die weiterführende Katechese für die fortgeschrittenen Schülerinnen (*signorine*); dieser Aufgabe widmete er sich bis 1908[307].

▶ Am 4. November 1883 trat auf seine Initiative die „Vereinigung der katholischen Lehrerinnen" (*Associazione delle maestre cattoliche*) ins Leben; zu diesem Kreis sprach er zunächst zweimal monatlich, später jeweils am ersten Sonntag des Monats[308]. Sogar als Präfekt der *Biblioteca Vaticana* unternahm er die weite Reise von Rom nach Mailand, um an jedem ersten Sonntag zur Stelle zu sein[309].

▶ Von 1885 bis 1912 hielt Ratti regelmäßig den „marianischen Monat" (*mese mariano*); damit ist ein Predigtzyklus gemeint, der alle Tage des Marienmonats Mai umfaßt. Der Professor und Hauskaplan begann mit dem Zyklus „Die Worte Mariens im Evangelium". 1886 predigte er über „Die Worte des Engels an Maria". In den folgenden Jahren behandelte er unter anderem: „Die Gebete zu Maria", „Die (Marien-)Symbole und die biblischen Vorbilder", „Die Vorzüge und Privilegien Mariens", „Die berühmtesten (Marien-)Wallfahrtsorte und Kunstwerke"[310]. Neben den biblischen Themen finden wir also auch Zyklen über Zeugnisse der christlichen Tradition: Mariengebete, Mariensymbole, Verehrungsstätten, Kunstwerke. Novelli bemerkt: „Von diesen Predigten sind immer noch Zusammenfassungen und Skizzen vorhanden, was beweist, wie anrührend und willkommen sein [d. h. Rattis] Wort gewesen war."[311]

Ob die bei Novelli erwähnte Predigtreihe über „Die berühmtesten (Marien-)Wallfahrtsorte und Kunstwerke" mit dem von Marchetti angeführten Zyklus über die „von unseren großen Meistern geschaffenen Bilder der

---

307 Vgl. ebd. – Aus Novellis Darstellung geht nicht hervor, wie sich diese Katechese an den Donnerstagen zu den Apologetiklektionen verhielt, die Ratti mittwochs gab und die sich ebenfalls an gewisse *signorine* richteten.

308 Vgl. ebd.

309 *Fatto più tardi prefetto della Vaticana, si sobbarcava al viaggio da Roma a Milano per essere presente al trattenimento spirituale della prima domenica.*: NOVELLI, Pio XI, S. 86.

310 Vgl. NOVELLI, Pio XI, S. 86. – Die Abb. eines von den Zuhörerinnen angefertigten Andenkens an die Maipredigten von 1886 bis 1901 ebd., S. 85.

311 *Di questi sermoni esistono tuttora riassunti e tracce compilate da ascoltatrici; il che prova quanto fosse toccante e gradita la sua parola.*: NOVELLI, Pio XI, S. 86.

Jungfrau"[312] identisch ist, läßt sich ohne weitere Quellen nicht entscheiden. In jedem Fall kommt hier die Affinität des Predigers zur bildenden Kunst zum Vorschein[313]. Auch als Papst hat er in diesem Sinne gesprochen[314].

Des weiteren führt unser Gewährsmann folgende größere Predigt- und Redeaktivitäten auf:

▶ mehrere Jahre Zyklen zum Herz-Jesu-Monat Juni (vergleichbar den täglichen Maipredigten) und zur Pfingstnovene[315].
▶ von 1888 bis 1907 am zweiten Samstag eines jeden Monats ein Vortrag für den religiösen Verein der „Damen Töchter Mariens" (*Pia unione delle signore Figlie di Maria*)[316].
▶ seit 1892 am dritten Sonntag eines jeden Monats ein Vortrag für den religiösen Mädchenverein (*Pia unione tra le fanciulle*)[317].
▶ von 1894 bis 1899 mittwochs Lektionen in Apologetik „für die Fräulein" (*alle signorine*)[318].

---

312 Vgl. oben Anm. 127.
313 Ein Beispiel für die konzentrierte Beschäftigung Rattis mit einem Gemälde ist der Aufsatz: Achille RATTI, Ancora della «Sacra Famiglia» di Bernardino Luini all'Ambrosiana, in: RATTI, Scritti storici, S. [195]-211 (der Aufsatz erschien ursprünglich1912). – Vgl. auch Achille Rattis anonym erschienene *Guida sommaria* durch die Ambrosiana, in welcher die Kunstschätze der Bibliothek breiten Raum einnehmen. – Zur Sorge Pius' XI. für die Museen, insbesondere für die Pinacoteca Vaticana, siehe NOGARA, Origine, S. 37; NOGARA, Musei, speziell S. 453 zu den Plänen für die Pinakothek.
314 Vgl. z. B. das Referat der Ansprache, die Pius XI. am 11. Mai 1930 bei der Verlesung der Dekrete zur Anerkennung des Martyriums bzw. der Wunder des sel. Jean De Brebeuf S. J. und seiner Gefährten sowie der sel. Lucia Filippini hielt: PIO XI, Discorsi II, S. 320–323. Zum belehrenden und katechetischen Wert alter bildlicher Darstellungen in den Kirchen bemerkte der Papst: *Le chiese furono vere scuole d'istruzione, di educazione vera di cui altamente si giovarono la cultura e la morale cristiana, tanto che alcune tipiche e più visive espressioni d'arte contenute nelle chiese, come le vetrate dipinte, furono dette per la loro accessibilità alle masse e per il beneficio che queste ne ritraevano, le vere Bibbie del popolo. E si potrebbe – soggiungeva il Santo Padre – dire il catechismo, la storia per il popolo.*: ebd., S. 322.
315 Vgl. NOVELLI, Pio XI, S. 86.
316 Vgl. ebd.
317 Vgl. ebd.
318 Vgl. ebd.

► vier oder fünf Kurse gleichzeitig (insgesamt über hundert) zur Vorbereitung verschiedener Frauengruppen auf das Osterfest und den österlichen Sakramentenempfang (*ritiri pasquali*)[319].

► Dazu kamen die Predigten des Hauskaplans an den liturgischen Festen, bei den Feiern zur Einkleidung oder Profeß der Schwestern, bei den Triduen zur Vorbereitung auf die jährliche Gelübdeerneuerung, beim Vierzigstündigen Gebet[320].

Das „Gehäuse" dieser ausgedehnten rednerischen Tätigkeit war der *Cenacolo*. Daran erinnerte am 22. Mai 1921, wenige Wochen vor Achille Rattis Ernennung zum Erzbischof von Mailand, ein Artikel der katholischen Zeitung *L'Italia*, der unter anderem Rattis Predigttätigkeit in dem Mailänder Schwesternhaus behandelt. Enrico Cattaneo (1912–1986) vermutete, daß der uns bekannte Angelo Novelli der Autor ist, und druckte eine längere Passage aus diesem Beitrag ab; wir lesen: „[...] Den damaligen Besuchern und den frommen Besucherinnen[321] sind seine [d. h. Rattis] Unterweisungen und die hochstehenden Predigten in Erinnerung, die er dort hielt. [...], alle die verschiedenen sozialen Klassen, die im *Cenacolo* ihren Bezugspunkt besitzen, haben die Wohltat seines Wortes empfangen; war dieses für gewöhnlich hochstehend und edel, so verschmähte es auch nicht, einfach und demütig zu werden, wenn er zu den Töchtern aus dem Volke sprach. Vor allem sind in Erinnerung die immer von ihm gehaltenen Predigten der ‚marianischen Monate' und seine Teilnahme am Katechismusunterricht zur Vorbereitung der kleinen Schornsteinfeger (*spazzacamini*) auf die Erstkommunion."[322]

---

319 Vgl. ebd.
320 Vgl. Novelli, Pio XI, S. 83.
321 Man beachte, wie die beiden Gruppen nuanciert werden!
322 [...] *Gli antichi frequentatori e le pie frequentatrici ne ricordano le istruzioni ed i sermoni elevati che egli vi teneva. [...], tutte le diverse classi sociali che al Cenacolo fanno capo, hanno ricevuto il beneficio della sua parola, che, se era abitualmente alta ed elevata, non disdegnava anche di farsi semplice ed umile, quando parlava alle figlie del popolo. Soprattutto sono ricordati i mesi di Maria da lui predicati sempre e la sua partecipazione all'insegnamento del catechismo per preparare i piccoli spazzacamini alla Prima Comunione.[...]:* Cattaneo, Achille Ratti prete, S. 110 mit S. 157 Anm. 1.

Novellis Buch enthält ein Gruppenbild solcher *Spazzacamini*, unter denen man einige Erstkommunionkinder erkennt[323]. Auf den ersten Blick könnte das Bild fast niedlich wirken, dahinter steht aber eine schockierende Wirklichkeit: Kinder aus armen Familien, meistens aus dem Tessin stammend, wurden nach Norditalien geschickt, um als „lebende Besen" von unten nach oben durch die Schornsteine zu klettern und diese vom Ruß zu reinigen; auch sonst mußten sie in der fremden Umgebung unter verheerenden Bedingungen – keine Verpflegung, keine Schlafplätze, minimale Entlohnung – ihr Dasein fristen[324]. Dieser Zustand scheint damals in der Gesellschaft akzeptiert gewesen zu sein. Darauf deutet nicht zuletzt hin, daß Novellis Erstkommunionbild auch die *Padroni* der Kinder zeigt: vom optischen Eindruck her eher düstere Gestalten, denen die Kinder ausgeliefert waren (und die ihrerseits gleichfalls als Opfer der Zeitumstände angesehen werden können). Wie Achille Ratti und die Schwestern des *Cenacolo* über die Situation gedacht haben, wissen wir nicht. Der soziale Mißstand der *Spazzacamini* konnte sich bis weit in das 20. Jahrhundert hinein halten[325].

2) Zur Predigtweise Rattis

Angelo Novelli schildert in einem etwas gefühl- und phantasievollen Abschnitt seines Buches das Erscheinungsbild des Predigers Ratti und dessen Wirkung auf das Publikum, das ganz überwiegend aus Frauen bestand. Mag hier auch manches auf das Konto der journalistischen Schreibweise des Autors gehen, so zeigt *eine* Bemerkung, daß unser Autor mit hoher Wahrscheinlichkeit frühere Zuhörerinnen Rattis befragt hat: „Sehr viele Damen bewahren daran eine Erinnerung, die zu ihren liebsten und am eifrigsten gehüteten gehört, und noch aus der Entfernung der Jahre hören sie

---

323 NOVELLI, Pio XI, S. 87.
324 Dazu WENGER, Als lebender Besen; BÜHLER, Schwabengänger; BÜHLER, Spazzacamini.
325 Ein den *Spazzacamini* vergleichbares Phänomen sind die „Verdingkinder", von denen heute noch Tausende am Leben sind. Es ist in frischer Erinnerung, daß sich der Schweizer Nationalrat erst vor kurzem, das heißt im April 2016, mit der Wiedergutmachung für diese Opfer einer großenteils auch von den Behörden geübten Praxis befaßt hat.

diese seine stets ruhige, gedämpfte, maßvolle und dennoch von erhabenen Gedanken umwobene Stimme wieder, [...]."[326]

Auch wenn nicht auszuschließen ist, daß wenigstens ein Teil von Rattis Publikum nicht ganz frei von schwärmerischen Anwandlungen war, so dürfte in keinem Fall zu bezweifeln sein, daß die „stets ruhige, gedämpfte, maßvolle und dennoch von erhabenen Gedanken umwobene Stimme" des Predigers zu Recht einen günstigen Eindruck hinterließ. Ein solches Changieren zwischen Schwärmerei und sachlich begründetem, positivem Echo hat Giovanni Battista Montini, der nachmalige Papst Paul VI. (1897/1963–1978), am Beispiel einer alten Verwandten anschaulich geschildert. Als Erzbischof von Mailand hielt er am 30. Mai 1957 in Achille Rattis Heimatort Desio eine Rede zur Einhundertjahrfeier von dessen Geburt. Darin erinnerte er mit feinem Humor an seine Tante Elisabetta, die eine enthusiastische Zuhörerin Rattis im *Cenacolo* gewesen sei:

„[...] die erste Erinnerung, die ich an ihn [d. h. an Achille Ratti] habe, reicht in meine Kindheit zurück, seitdem eine vortreffliche und sehr fromme Tante, die in Mailand lebte, in mein Vaterhaus kam; sie war Besucherin des *Cenacolo* und erzählte mit einer dem Pathos nahen Begeisterung von

---

326 *Moltissime signore ne conservano un ricordo dei più cari e più gelosamente custoditi e nella lontananza degli anni riodono ancora quella sua voce sempre pacata, piana, sobria e tuttavia intessuta di pensieri elevati,* [...]: NOVELLI, Pio XI, S. 86. – Mit Novelli stimmen zwei deutschsprachige Ohren- und Augenzeugen überein. ▶Isidor Markus Emanuel (1905–1991), von 1953 bis 1968 Bischof von Speyer, war von 1924 bis 1931 Alumne im römischen *Collegium Germanicum* gewesen. Er erinnerte sich: *Die Sprechweise des Papstes war eigentlich ohne südliches Pathos, eher verhalten, aber von einer wohltuenden inneren Wärme.*: EMANUEL, Sieben Jahre, S. 134. Von einer Ansprache an die Germaniker im Jahr 1925 blieb ihm in Erinnerung: *Langsam und bedächtig formuliert er* [Pius XI.] *in seiner weichen Aussprache* [...].: EMANUEL, Sieben Jahre, S. 136. – Zu ihm Hans AMMERICH, Art. Emanuel, Isidor Markus, in: GATZ, Bischöfe II, S. [519]-521. – ▶ Der Luxemburger Priester und Journalist Jean Baptiste Esch (1902–1942), der sich von 1930 bis 1932 studienhalber in Rom aufgehalten hatte und in seiner Heimat lebhaft für die Ideen Pius' XI. eintrat, sprach in seinem Nachruf auf den verstorbenen Papst davon, daß Pius *mit gemessener Stimme seine Ansprachen hielt.*: ESCH, Briefe aus Rom, S. 149 (Hervorhebung Rb.). – Esch kam in der Gefangenschaft der Nationalsozialisten zu Tode; zu ihm Claude D. CONTER, Art. Esch, Jean Baptiste, in: www.autorenlexikon.lu (23. August 2017).

einem Don Achille, der Kaplan des *Cenacolo* war. Die Lobsprüche auf Don Achille nahmen nie ein Ende, und als ich sie in der Folge einmal nach einem Grund für eine so glühende Wertschätzung fragte, erzählte sie mir als Beispiel von einer Predigt, die Don Achille zur Erklärung der Taufe gehalten hatte. So tief war der Eindruck geistlicher Schönheit, den die fromme Frau davon mitnahm, daß sie es wagte, den Priester um den Text zu bitten; und ihr Erstaunen wuchs (noch), als dieser ihr ein Blättchen mit ganz kurzen Notizen zeigte."[327] Übrigens belegt diese hübsche Anekdote abermals, daß Ratti weitgehend frei zu sprechen pflegte.

Auch der Schwester Mansueta, einer ehemaligen Sakristanin des *Cenacolo*, waren Rattis Ruhe und Vornehmheit in Erinnerung geblieben. Hochbetagt äußerte sie sich 1968 in einem Interview über den früheren Hauskaplan. Auf eine Frage nach dessen Predigten soll sie kurz und bündig geantwortet haben: *Predicava nobilmente* – „Er predigte auf eine vornehme Weise."[328]

---

327 [...] *il primo ricordo ch'io ho di Lui* [Achille Ratti / Pio XI.] *risale alla mia infanzia, da quando un'ottima e piissima zia, che viveva a Milano, veniva alla mia casa paterna, e, frequentatrice del Cenacolo qual era, narrava con entusiasmo, prossimo all'enfasi, di un Don Achille che al Cenacolo era Capellano. Le lodi per Don Achille non erano mai finite; e allorchè, in seguito, io chiesi, una volta, un argomento di tanta fervida stima, ella mi narrò, ad esempio, d'una predica, tenuta da Don Achille a commento del battesimo; e fu tale l'impressione di spirituale bellezza che la devota donna ne ebbe, da farla ardita a chiedere al Sacerdote il testo; e crebbe la meraviglia, quando egli le mostrò sopra un foglietto brevissime note.*[...]: MONTINI, Discorsi I, S. 1433–1442, hier S. 1434–1435. – Zu dem Erzähler siehe Victor CONZEMIUS, Art. Paul VI., in: LThK³ 7 (1998), Sp. 1524–1526.
328 RATTI, Lettere Cenacolo, S. 7.

VII. Kapitel: Achille Ratti / Papst Pius XI. als Prediger in deutscher Sprache

Unsere Übersicht über die oratorischen Aktivitäten Achille Rattis flößt Hochachtung für die geistige und physische Leistung ein, welche dieser neben seiner Lehrtätigkeit am Seminar bzw. neben seiner bibliothekarischen Arbeit an der Ambrosiana vollbrachte. Der Respekt steigert sich noch, wenn wir bedenken, daß Ratti, da es noch keine entsprechende Auslandsseelsorge gab, häufig auch für die deutschsprachige Kolonie in Mailand gepredigt hat: zunächst kontinuierlich in der Kirche San Giuseppe, später gelegentlich in San Raffaele[329]. Galbiati nennt für die *regelmäßigen* Sonntagspredigten die Jahre 1892 bis 1894[330]. An anderer Stelle spricht er allgemeiner von „mehreren Jahren"[331].

Im Jahr 1922, nach Rattis Wahl zum Papst, sandte Giovanni Galbiati der *Kölnischen Volkszeitung* einige Mitteilungen über diese Predigttätigkeit in deutscher Sprache: *Ratti besaß auch gute Sprachenkenntnisse. Früh eignete er sich die deutsche Sprache an, so daß er sich oftmals für die deutsche Seelsorge in Mailand hat zur Verfügung stellen können; er sprach ganz ausgezeichnet Deutsch, hörte die Deutschen Beicht; ja er predigte ihnen sogar in ihrer Muttersprache, was doch für den ganz anders gearteten Mund eines Italieners immerhin eine beachtenswerte Leistung bedeutet. Besonders in den neunziger Jahren, als die deutsche katholische Gemeinde noch nicht organisiert war, nahm Ratti, trotz seiner gelehrten Tätigkeit an der Ambrosiana, die gesamte deutsche Seelsorge in die Hand und predigte regelmäßig Deutsch in der St. Josephskirche, manchmal auch in der St. Raphaelskirche nahe beim Dome. [...]*[332].

---

329 Dazu und zu den weiteren seelsorglichen Aktivitäten Rattis für die deutschsprachige Kolonie GALBIATI, Pio XI evocato, S. 201–204.

330 GALBIATI, Pio XI evocato, S. 201.

331 *In quest'anno* [d. h. 1892] *il Ratti inizia la predicazione domenicale alla colonia tedesca nella chiesa di S. Giuseppe in Milano, continuandola poi per parecchi anni nella stessa S. Giuseppe, e, in seguito, sporadicamente in S. Raffaele.*: GALBIATI, Pio XI evocato, S. 268.

332 Dieser Text wurde in deutscher Sprache übernommen in GALBIATI, Pio XI evocato, S. 201–202 Anm. 1. – Auch im Nachruf auf Pius XI. aus der Feder des Luxemburgers Jean Baptiste Esch (vgl. Anm. 326) findet sich eine Reminiszenz

Max Bierbaum weiß in seiner gut unterrichteten Papstbiographie von einem Zyklus aus der späteren Zeit und teilt darüber einige Details mit: *Im Jahre 1898 hielt Dr. Ratti deutsche Fastenpredigten in der Kirche San Giuseppe, unweit des Scalatheaters. Die Predigten wurden an den Türen aller Pfarrkirchen und im Diözesanblatt dem Klerus und Volk bekanntgegeben. Sie fanden dreimal wöchentlich statt, Sonntags um 3 ½ Uhr, Mittwochs und Freitags abends um 8 Uhr mit nachfolgendem sakramentalen Segen. Die Gläubigen waren mit ihrem Fastenprediger Don Achille Ratti sehr zufrieden; denn die deutliche Aussprache und der herzliche Ton beim Vortrag der ernsten Wahrheiten hatte bald die Zuhörer gewonnen*[333].

Für die Charakterisierung des Predigers Ratti bietet Bierbaums Mitteilung zwei wichtige Elemente: die *deutliche Aussprache* und den *herzliche(n) Ton*.

Ein Zeugnis über die deutschen Ansprachen Achille Rattis *als Papst* hat uns der Zeitgenosse Max Kassiepe hinterlassen. Dieser war von 1920 bis 1926 in Rom in der Leitung seiner Genossenschaft, der Oblaten der Unbefleckten Jungfrau Maria, tätig. Für das Heilige Jahr 1925 arbeitete er als „Zweiter Vorsitzender des Deutschen Ausschusses für das Jubiläumsjahr"[334]. Als „eine der repräsentativsten und geprägtesten Gestalten

---

an Rattis Seelsorgetätigkeit für die deutschsprachigen Katholiken: *Auch auf dem päpstlichen Thron verlor er nicht den Charakter eines Gefangenen- und Studentenseelsorgers und **des alten Betreuers deutscher Auswanderer und Dienstboten.***: ESCH, Briefe aus Rom, S. 171; ferner ebd., S. 151 (Hervorhebung Rb.).

333 BIERBAUM, Pius XI., S. 100. – Der von Bierbaum apostrophierte *herzliche Ton* fand auch ein Echo in Jean Baptiste Eschs „Brief aus Rom" vom 14. Februar 1932: *Die Herzlichkeit seiner Ansprachen ist bekannt.* Esch fügte als Beleg die folgende Anekdote an (die nach Ansicht des Verf. durchaus mehrbödig ist): *Neulich sang der Leseverein der „Anima" bei einer Audienz das Lied: „Auf den Bergen ist es schön."* Diese Wahl war aus bekannten Gründen getroffen worden [vermutlich, weil der Papst sich auch als Bergsteiger einen Namen gemacht hatte. Rb.]. *Der Heilige Vater lauschte aufmerksam und sagte zum Schluß, da er vom Throne niederstieg: „Ja, ja, überall ist es schön, auch in der Ebene.":* ESCH, Briefe aus Rom, S. 99. – Vgl. auch EMANUEL, Sieben Jahre, S. 139.

334 So nennt er sich selbst in: KASSIEPE, Geleit, S. VIII. – Mit derselben Bezeichnung ist auch die entsprechende Position in seinem Nachlaß versehen; vgl. KLOSTERKAMP, Volksmission, S. XV. – An anderer Stelle erscheint Kassiepe

unter den deutschen Volksmissionaren zwischen beiden Weltkriegen"[335] war er ein Fachmann in Fragen der Rede. In seinem Geleitwort zu den deutschen Heilig-Jahr-Ansprachen Pius XI. berichtet er:

Wenigstens sechzigmal hat der Heilige Vater für deutsche, österreichische oder schweizer Pilger in deutscher Sprache geredet. Leider sind nicht alle Reden aufgezeichnet worden. [...] Inmitten aller Sorgen und Arbeiten seines hohen Amtes bleibt dem Papst natürlich keine Zeit, sich auf alle diese Ansprachen vorzubereiten. Das hat er in seiner Ansprache vom 10. März selbst in launiger Weise mit dem Worte aus Schillers „Glocke" erklärt: „Meister muß sich immer plagen." Er spricht vollkommen frei, mit einer von Herzen kommenden Natürlichkeit und Frische. Wenn er sich manchmal wiederholt oder nach einem anderen Ausdruck zu suchen scheint, so geschieht es meistens, um seine Gedanken noch freundlicher, liebevoller und eindringlicher zu gestalten[336].

Dafür, daß Kassiepes Geleitwort der Legendenbildung dienen sollte, ist kein Grund zu erkennen; daher muß man es als ausgesprochen wichtig einstufen. Hier hat nämlich ein Fachmann der Rede, der gleichzeitig auch Zeitzeuge war, zwei Merkmale der Ansprachen des Papstes ins Licht gestellt: Pius XI. sprach frei – und er verbarg nicht, daß er sich immer wieder um einen treffenderen Ausdruck bemühte. Übrigens war, wie wir gesehen haben, schon dem Studenten Marchetti aufgefallen, daß Ratti als Predigtlehrer ebenfalls immer wieder nach einem besseren Ausdruck suchte[337].

Auch der Kirchenhistoriker Hubert Jedin[338] hat sich aus seinem eigenen Erleben während der Jahre 1926 bis 1930 über die deutschen Ansprachen von Papst Ratti geäußert: *Pius XI. sprach nicht so flüssig Deutsch wie sein Nachfolger, er kannte besser das literarische Deutsch der klassischen Zeit als die Umgangssprache. In seinen Ansprachen bezeichnete er sich oft als der „gemeine Vater" aller katholischen Christen; er segnete die „kostbaren*

---

als „Vizepräsident des ‚Römischen Ausschusses für deutsche Rompilger'": KLOSTERKAMP, Volksmission, S. 71. Eine Photographie „P. Kassiepe predigt vor Pilgern auf dem Petersplatz in Rom" ebd., zwischen S. 350 und S. 351.

335 ESSER, Art. Kassiepe; im LThK^3 fehlt ein Artikel über ihn.
336 Datiert Rom, 1. Mai 1926: KASSIEPE, Geleit, S. VI–VII.
337 Vgl. Anm. 125 sowie die durch Anm. 351–354 nachgewiesenen Texte und Angaben.
338 Zu ihm Anm. 11.

Sachen", *d. h. die Devotionalien, die zur Audienz mitgebracht wurden;*
mit besonderer Vorliebe zitierte er aus Schillers Glocke, die er auswendig
wußte[339]. Im Zusammenhang mit einer Audienz bei dem greisen Papst am
31. Mai 1938 hat Jedin festgehalten: *Pius XI. sprach zwar weniger geläufig*
Deutsch als sein Nachfolger, war aber durch umfassende Lektüre insbeson-
dere der deutschen Klassiker wahrscheinlich tiefer in den Geist der Sprache
eingedrungen als jener[340].

Die Zeugnisse von Max Bierbaum, Max Kassiepe und Hubert Jedin
unterscheiden sich in Nuancen voneinander. Insgesamt aber steht fest, daß
Achille Ratti / Pius XI. das Predigen und öffentliche Reden in deutscher
Sprache gut beherrschte und bei seinen oratorischen Auftritten die Zuhörerschaft zu erreichen und anzusprechen wußte.

---

339 JEDIN, Lebensbericht, S. 56. – Vgl. die Bemerkungen und persönlichen Er-
    innerungen in JEDIN, Pio XI e la Germania, S. 579: «Malgrado l'udienza ai
    pellegrini costituisse con l'andare del tempo un gravame fisico quasi insoste-
    nibile per il Papa, solo in rari casi rinunciò a indirizzare in tedesco allocuzioni
    ai gruppi di pellegrini germanici. Come detto più avanti, egli aveva acquistato
    una notevole scioltezza nell'uso della lingua tedesca; il suo patrimonio lessicale
    si basava principalmente sulla conoscenza dei classici tedeschi. Conosceva
    a memoria il ‹Lied von der Glocke› di Schiller e spesso nelle sue allocuzioni
    ne citava dei brani. Usava alcune espressioni che, se erano correnti presso i
    classici, non lo erano più nel linguaggio parlato corrente, come per esempio
    quando egli si definiva il «gemeiner (invece di ‹allgemeiner›) Vater» di tutti.
    L'autore del presente lavoro, che fu presente a molte di queste udienze, può
    testimoniare come ciò non pregiudicasse tuttavia il profondo effetto di queste
    paterne allocuzioni del Pontefice.» – Isidor Markus Emanuel erinnerte sich:
    Wir waren aber auch glücklich darüber, daß nach langen Jahrhunderten wie-
    der ein Papst in unserer Muttersprache zu uns redete. […] Und wir witzelten
    natürlich auch ein bißchen, wenn ihm gelegentlich Verwechslungen deutscher
    Wörter unterliefen, wenn er sich z. B. den gemeinen statt den gemeinsamen
    Vater nannte oder den Auftrag gab, seine Bekanntschaften statt Bekannten
    in Deutschland zu grüßen.: EMANUEL, Sieben Jahre, S. 142.
340 JEDIN, Lebensbericht, S. 92. – Vgl. JEDIN, Pio XI e la Germania, S. 581
    u. S. 585–586.

VIII. Kapitel: Carlo Confalonieri über Pius XI. als Prediger und Redner

Ein wichtiger Gewährsmann für die vorliegenden Untersuchung ist der persönliche Sekretär Pius' XI., Carlo Confalonieri[341]; wir haben ihn schon etliche Male zitiert. Für die Zeit Achille Rattis als Erzbischof von Mailand und als Papst ist er ein privilegierter Augen- und Ohrenzeuge. Den Professor der *Sacra eloquenza* hat er zwar nicht erlebt, steuert für jene Zeit aber die Erinnerungen des damaligen Studenten Ottavio Marchetti bei[342]. Außerdem hörte er in Mailand weitere Berichte über den Predigtlehrer und Prediger Ratti, die in sein Erinnerungsbuch eingeflossen sind. Das Bild schließlich, das er aus eigenem Erleben von dem Papst als Prediger und Redner gezeichnet hat, überliefert uns charakteristische Züge; es zeigt Pius XI. auf der Höhe seines oratorischen Wirkens und erlaubt auch Rückschlüsse auf dessen frühere Jahre.

So erfahren wir, daß der Papst seine zahllosen Audienzansprachen als *conversazione* – „Gespräch", als „Unterhaltung des Vaters mit seinen Söhnen" verstand[343]. Confalonieri formuliert sogar, Pius habe den Zuhörer in das „Laboratorium" seiner Gedanken, gewissermaßen in sein Studio mitgenommen[344]. Seine Beredsamkeit sei eine „ganz persönliche" gewesen[345]. Gewöhnlich habe er seine Ansprachen vorher nicht schriftlich formuliert,

---

341 Vgl. oben Anm. 4 und 5.
342 Vgl. oben Kapitel III, Abschnitt 2.
343 *Amava dire che la sua era una conversazione, un intrattenersi del Padre coi Figli,* [...].: CONFALONIERI, Pio XI, S. 128. – TSCHAKERT: „Nach seinen eigenen Worten bedeutete das Gespräch für ihn eine vertrauliche Unterhaltung des Vaters mit den Kindern, [...]."‟: CONFALONIERI deutsch, S. 122.
344 *Preferiva introdurre l'ascoltatore nel suo stesso laboratorio, interessarlo personalmente al suo lavoro,* [...].: CONFALONIERI, Pio XI, S. 129. – TSCHAKERT: „Pius XI. ließ die Zuhörer einen Blick in seine Werkstätte tun und weckte ihr persönliches Interesse an seiner Arbeit, [...]."‟: CONFALONIERI deutsch, S. 122.
345 *Eloquenza quindi tutta personale.*: CONFALONIERI, Pio XI, S. 129. – TSCHAKERT: „Seine Beredsamkeit hatte also eine absolut persönliche Note."‟: CONFALONIERI deutsch, S. 122.

sondern allenfalls auf einem Zettel die Gliederung notiert[346]. Deswegen bespricht Confalonieri in seinem Buch auch anschaulich und detailreich die Frage, ob eine Sammlung der Reden des Papstes überhaupt möglich sei und wie die überlieferten Referate der Ansprachen einzuschätzen seien[347].

Des weiteren bestätigt er den Eindruck, den wir hier schon mehrfach festgehalten haben, daß nämlich für Pius XI. die inhaltliche Aussage wichtiger war als die formalen Regeln der Rhetorik: „Wenn er gegebenenfalls die Möglichkeiten der Redekunst auch nicht vernachlässigte, so achtete er doch mehr als auf den Reiz der Form auf die Wirkkraft des Gedankens und seines Ausdrucks."[348]

Mit Bezug auf die alpinistische Erfahrung des Papstes beschreibt Confalonieri anschaulich, wie dieser seine Ansprachen zu beginnen pflegte: „Er begann mit leiser Stimme, bedächtig, gleichsam mit dem zögernden und behutsamen Schritt des Alpinisten, wenn dieser sich zum Aufstieg anschickt. Niemals ging er sein Thema frontal an, sondern genau wie ein erfahrener Bergbewohner zog er die Kehren vor, indem er das Thema, das er sich

---

346 *Pio XI non era solito scrivere i suoi discorsi. Al più segnava i «punti» su di un foglietto, tanto per fissare l'ordine.*: CONFALONIERI, Pio XI, S. 142. – TSCHAKERT: „Pius XI. pflegte seine Ansprachen nicht schriftlich vorzubereiten.. Er schrieb sich höchstens, um den Gedankengang nicht zu verlieren, einige Punkte auf ein kleines Blatt.": CONFALONIERI deutsch, S. 136. – In den Mailänder Jahren scheint Achille Ratti solche Gliederungen häufiger notiert zu haben. Laut der Angabe in RATTI, Lettere Cenacolo, S. 8 Anm. 14, bewahrt das Archiv des römischen Generalats der Schwestern des *Cenacolo* noch „viele" mittelgroße und kleine Blätter mit Punkten für seine Predigten auf. – Vgl. auch die durch Anm. 327 nachgewiesenen Erinnerungen Giovanni Battista Montinis an seine Tante.

347 Vgl. CONFALONIERI, Pio XI, S. 142–145. – CONFALONIERI deutsch, S. 136–138.

348 *Pur non trascurando, all'occorrenza, le risorse dell'arte oratoria, più che al lenocinio della forma badava all'efficacia del concetto e della sua espressione.*: CONFALONIERI, Pio XI, S. 130. – TSCHAKERT hat die originale Aussage nicht recht erfaßt: „Nur um die Mittel der Redekunst nicht ganz außer acht zu lassen, nicht etwa der künstlerischen Form zuliebe, achtete er auf die Wirksamkeit des Konzepts und die Ausdrucksweise.": CONFALONIERI deutsch, S. 124. – Zum Verhältnis von Rhetorik und geistlicher Beredsamkeit vgl. unsere durch Anm. 112, 154, 223, 231, 239, 242, 244 und 266 nachgewiesenen Texte und Ausführungen.

vorgenommen hatte, von allen Seiten umkreiste."[349] In diesen Zusammenhang gehört auch die Beobachtung: „Wenn er sprach, drehte und wendete er das Thema hin und her; allmählich erklärte und entfaltete er es durch eine Vielzahl von Bemerkungen, indem er Synonyme und Beiwörter sammelte, die nur oberflächlich im Wege zu stehen schienen, in Wirklichkeit aber dazu dienten, den Gegenstand besser sichtbar und greifbar zu machen."[350]

Confalonieri scheint der Auffassung gewesen zu sein, Pius XI. habe, was seine rednerische Gewandtheit betreffe, von der Mailänder Zeit bis zur Höhe des Pontifikats Fortschritte gemacht. Als Beleg diente ihm die für Achille Ratti kennzeichnende beständige Suche nach dem treffenden Ausdruck, an die sich auch Ottavio Marchetti erinnerte[351]. Schwer zu sagen, ob diese Interpretation zutrifft. Die Stimmen über Ratti als Prediger im *Cenacolo* enthalten in dieser Hinsicht nichts, was als Unzufriedenheit und Kritik gedeutet werden könnte; zudem gibt Confalonieri selbst im weiteren Verlauf eine günstigere Deutung jenes Suchens nach dem rechten Wort.

---

349 *Iniziava con voce piana, lentamente, quasi col passo tardo e guardingo dell'alpinista, quando si accinge alla scalata. Non prendeva mai di fronte l'argomento, ma, proprio come esperimentato montanaro, preferiva i tornanti, girando e rigirando sul tema che si era proposto.*: CONFALONIERI, Pio XI, S. 129. – TSCHAKERT: „Pius XI. begann langsam, sozusagen mit dem zögernden, vorsichtigen Schritt des Alpinisten, der sich zum Aufstieg anschickt. Er ging ein Argument nicht direkt an, sondern zog genau wie ein erfahrener Bergsteiger die Umwege vor und beleuchtete sein Thema von allen Seiten.": CONFALONIERI deutsch, S. 123. – Jean Baptiste Esch (vgl. Anm. 326) sprach in seinem Nachruf auf Pius XI. von dessen *bedachtsamer, väterlicher Art*, wenn er *in irgendeiner Sprache* zu den Pilgern redete.: ESCH, Briefe aus Rom, S. 139.

350 *[...] Parlando, volgeva e rivolgeva il tema; lo andava man mano chiarendo e sviluppando, con molteplicità di osservazioni; accumulando sinonimi ed epiteti, che soltanto in apparenza sembravano un ingombro, ma che, in realtà, servivano a rendere sempre meglio visibile e palpabile l'argomento.*: CONFALONIERI, Pio XI, S. 128. – TSCHAKERT: „Pius XI. pflegte seine Gedanken ständig zu formen, beleuchtete das Thema von allen Seiten, entwickelte und klärte es in vielfältigen Betrachtungen. Die vielen Synonyme und Beiworte, die er verwendete und die den Fluß der Rede zu behindern schienen, dienten in Wirklichkeit dazu, den Gegenstand besser zu beleuchten und verständlicher zu machen.": CONFALONIERI deutsch, S. 122.

351 Vgl. die Anm. 352–354 sowie Anm. 125 und 337.

Zunächst jedoch bemerkt er fast dramatisch, daß Pius XI. als Priester, Bischof und auch noch in den ersten Pontifikatsjahren den Eindruck erweckte, es falle ihm schwer, sich auszudrücken. Manchen im Publikum habe dies in „Angst" versetzt – was wohl bedeutet, daß dem einen oder anderen bange wurde, der Redner könne steckenbleiben und sich blamieren. Das Volk hingegen habe dankbar zugehört, weil es länger brauche, um sich auf fremde Gedanken einzulassen[352]. Im übrigen sei Pius XI. überzeugt gewesen, „daß die wahre Beredsamkeit die sei, die **aus dem Herzen** komme."[353] In dieser Hinsicht hat sich der Volksmissionar Max Kassiepe wohl am besten in die Absichten des Papstes eingefühlt: *Er spricht vollkommen frei, mit einer von* **Herzen** *kommenden Natürlichkeit und Frische. Wenn er sich manchmal wiederholt oder nach einem anderen Ausdruck zu suchen scheint, so geschieht es meistens, um seine Gedanken noch freundlicher, liebevoller und eindringlicher zu gestalten*[354].

Zum Schluß dieses Kapitels ist auf eine Mitteilung Confalonieris hinweisen, die mit einem Brauch der damaligen Frömmigkeit zusammenhängt. Nach dieser Gepflogenheit teilten vor allem religiöse Gemeinschaften dem Papst, dem Bischof oder einer anderen Person, die sie geistig-geistlich unterstützen wollten, mit, welchen „Schatz" an Gebeten oder frommen Werken sie für die betreffende Person gesammelt hatten, also beispielsweise 500

---

352 *Con la consuetudine di predicare aveva acquistato, man mano, una discreta scioltezza. Ma chi lo ricorda prete o vescovo e nei primi anni di pontificato, sa il senso di angustia che talvolta destava quella sua apparente difficoltà di esprimersi. [...]. Il popolo però ascoltava sempre volentieri, perché ha bisogno di maggior tempo per adeguarsi al pensiero altrui.*: CONFALONIERI, Pio XI, S. 131. – TSCHAKERT: „Durch die häufigen Predigten hatte sich Pius XI. schließlich eine große Gewandtheit im Sprechen angeeignet. Wer ihn aber noch als einfachen Priester oder als Bischof gekannt hat und der ersten Jahre seines Pontifikats gedenkt, erinnert sich, wie ihm die Wortwahl mitunter schwerfiel. Auf manche Zuhörer wirkte das peinlich, [...]. Das Volk aber hörte ihm immer gern zu, denn es braucht länger, um sich in die Gedankengänge eines anderen hineinzufinden.": CONFALONIERI deutsch, S. 124.

353 *Persuaso che la vera eloquenza è quella che viene dal cuore, [...].*: CONFALONIERI, Pio XI, S. 131 (Hervorhebung in der Übers. durch Rb.). – TSCHAKERT: „[...] überzeugt, die wahre Beredsamkeit könne nur aus dem Herzen kommen, [...].": CONFALONIERI deutsch, S. 124–125.

354 Wie oben Anm. 336 (Hervorhebung Rb.).

Rosenkränze oder 200 Kommunionen. Dieser Brauch, der hier nicht weiter zu diskutieren ist, bildete den Hintergrund für folgenden Bericht unseres Gewährsmannes: „Im übrigen war das Gewicht, das Pius XI. dem Wort beilegte, solcher Art, daß er in den ersten Zeiten des Pontifikats, da er dessen ganze unermeßliche Verantwortung spürte, für diesen Zweck den geistlichen Schatz bestimmte, den ihm fromme Seelen darbrachten: ‚Ich wende‘, so sagte er, ‚die Gebete aller Ordensgemeinschaften diesem Anliegen zu: daß der Papst immer gut zu sprechen vermöge.‘"[355]

---

355 *Del resto era tale l'importanza che Pio XI attribuiva alla parola, che nei primi tempi del pontificato, sentendone tutta l'immensurabile responsabilità, assegnò a tale scopo il tesoro spirituale offertogli da anime pie: «Applico – disse – le preghiere di tutti gli Istituti Religiosi secondo questa intenzione, che il Papa possa parlare sempre bene.»*: CONFALONIERI, Pio XI, S. 137. – TSCHAKERT: „So groß war die Bedeutung, die Pius XI. dem Worte beimaß, daß er in der ersten Zeit des Pontifikats, als er die ganze, unermeßliche Verantwortung seines Amtes fühlte, den geistlichen Schatz, den ihm fromme Seelen schenkten, auf dieses Ziel hinlenkte: ‚Ich verwende‘, so sagte er, ‚die Gebete aller geistlichen Orden auf diese Intention: daß der Papst stets gut sprechen möge.‘": CONFALONIERI deutsch, S. 130.

IX. Kapitel: Bemerkungen Pius' XI. über Beredsamkeit, Predigt und Prediger

Als Papst kam Achille Ratti verschiedene Male auf seine Lebensphasen als Lernender und Lehrender zu sprechen, beispielsweise am 19. September 1923 während einer Audienz für 250 französische Lehrer[356]. Deren Pilgerfahrt erinnere ihn an seine „frühesten Jahre"[357], denn er könne „sein Leben in zwei Perioden einteilen: in die erste, die Periode der empfangenen Unterweisung, und die zweite, die der erteilten Unterweisung."[358] Über letztere sagte er, die „erteilte Unterweisung" forme das Leben der Lehrer, wie sie auch sein eigenes Leben in den „vielen schönen Jahren" geformt habe, deren „Süße" die gegenwärtige Audienz wiederaufleben lasse[359]. Damit meinte er ohne Zweifel vor allem seine Lehrtätigkeit am Seminar und im *Cenacolo* zu Mailand.

Im Heiligen Jahr 1925 empfing Pius XI. am 18. Mai einen Pilgerzug der Erzdiözese Mailand, den sein Schüler Eugenio Kardinal Tosi anführte[360]. Seine Ansprache ist, wie viele andere auch, nur in einem Referat überliefert. Demnach gedachte er seiner Mailänder Lebensstationen, darunter ausdrücklich auch seines (Homiletik-)Lehrstuhls: „Mailand, das Ihm seinen kirchlichen Bildungsgang in Erinnerung ruft, sein Leben als Priester, den Lehrstuhl im Seminar, die tatkräftige Stille der Ambrosiana [...]."[361]

---

356 Vgl. die italienische Übersetzung seiner französischen Ansprache: Pio XI, Discorsi I, S. 156–157.

357 *Pellegrinaggio di insegnamento: ecco figli miei, una frase che Ci rammenta gli anni più lontani della nostra vita.*: Pio XI, Discorsi I, S. 156.

358 *[...] potendo Noi dividere la nostra vita in due periodi: il primo, periodo d'insegnamento ricevuto; il secondo, d'insegnamento impartito [...].*: ebd.

359 *D'altra parte, l'insegnamento impartito forma la vostra vita, come formò la Nostra nei molti e begli anni, le cui soavi dolcezze Ci rammenta e Ci fa rigustare la vostra presenza.*: Pio XI, Discorsi I, S. 157.

360 Vgl. das Referat der Ansprache in: Pio XI, Discorsi I, S. 388–390.

361 *[...] Milano che a Lui ricorda la sua formazione ecclesiastica, la sua vita di sacerdote, **la cattedra dell'insegnamento nel Seminario**, il silenzio fattivo dell'Ambrosiana [...].*: Pio XI, Discorsi I, S. 389 (Hervorhebung Rb.). – Am 28. September 1923 hatte der Papst vor Alumnen der Kleinen und Großen Mailänder Seminare über die Stellung dieser Bildungsstätten in seinem eigenen

Neben solchen eher verhüllten Hinweisen auf seine Lehrtätigkeit äußerte sich der Papst bei Gelegenheit auch über historische und formale Aspekte der *Sacra eloquenza* und öfter noch über theologische Aspekte der Predigt. Zu solchen Bemerkungen nutzte er mehrere Male die jährliche Audienz für die Pfarrer und Fastenprediger der Stadt Rom, aber auch andere Anlässe boten ihm dazu Gelegenheit.

Die erste Begegnung mit den römischen Fastenpredigern fand am 27. Februar 1922 statt, nicht lange nach Achille Rattis Wahl und Krönung (6. bzw. 12. Februar). War es mehr als ein Zufall, daß der neue Papst für seine erste grundsätzlichere Unterweisung über die Predigt ein Beispiel aus der Geschichte wählte? Er sprach darüber, wie Papst Gregor der Große (um 540/590–604) die Sendung der Prediger gesehen habe. Diese seien dazu berufen, *immortalitatis satores* – „Sämänner der Unsterblichkeit" zu sein: „Auf euch läßt sich anwenden, was dieser heilige Papst so treffend schrieb: ‚Reichlicher nämlich bringen wir Frucht in unserem guten Werk, wenn wir durch die Flamme heiliger Wissenschaft innerlich brennen.' In der Tat, ihr kommt, um in den Herzen diese heilige Flamme der religiösen Unterweisung anzufachen, durch die in den Seelen das Licht des Glaubens heller leuchtet und durch die das Verlangen nach guten Werken und die guten Vorsätze dazu glühender werden. Ihr seid die Vorläufer Gottes in den Seelen: ‚Auf seine Prediger nämlich folgt der Herr, denn die Predigt geht voraus, und zur Wohnstatt unseres Geistes kommt dann der Herr, wenn die Worte der Ermahnung vorauseilen.'"[362]

Leben gesprochen: „[…] von den Seminaren Mailands, von denen Wir so viel empfangen haben und denen auch etwas von Unserer Tätigkeit und Unseren Energien zu geben Wir uns bemüht haben." – […] *da quei Seminari di Milano, dai quali abbiamo tanto ricevuto ed ai quali abbiamo anche cercato di dare qualche cosa delle Nostre attività e delle Nostre energie.*: Pio XI, Discorsi I, S. 157–161, hier S. 158.

362 *A voi si applica quanto così bene descrive questo Santo Pontefice: uberius enim fructum boni operis reddimus, quando per sacrae eruditionis flammam intus ardemus. Infatti voi venite a ravvivare nei cuori questa sacra fiamma dell'istruzione religiosa, per cui diverrà più chiara nelle anime la luce della fede, più ferventi i desideri e i propositi di opere buone. Sarete voi i precursori di Dio nelle anime: Praedicatores enim suos Dominus sequitur: quia praedicatio praevenit, et tunc ad mentis nostrae habitaculum Dominus venit, quando verba exhortationis praecurrunt.*: Pio XI, Discorsi I, S. 6–7, hier

Dem sachkundigen Publikum der Pfarrer und Fastenprediger stellte der Papst am 3. März 1924 den „königlichen" Charakter der Beredsamkeit vor Augen: „Die Beredsamkeit ist – menschlich gesprochen (und ihr wißt es aus Erfahrung) – schon für sich selbst die Königin aller Arten des Sprechens und aller höheren Künste, und sie ist ebenfalls die Königin der Herzen. Ihr kennt das sehr schöne und für euch ehrenvolle Wort, das die Beredsamkeit als *die Königin aller Dinge, welche die Seelen lenkt* definierte."[363] Pius XI. zitierte hier, vermutlich aus dem Gedächtnis, ein Wort des römischen Dichters Pacuvius (um 220 – um 130 v. Chr.), das – um ganz präzise zu sein – folgendermaßen lautet: *[h]o[c] flexanima et omnium regina rerum oratio*, nach der Übersetzung von Petra Schierl: „o Rede, die du die Sinne umstimmst und über alle Dinge herrschst."[364]

Zum Schluß seiner Ausführungen sprach Pius geradezu poetisch über die Wirkung der Predigt: „Wenn ihr von euren Kanzeln herabgestiegen seid, vergeht der unmittelbare Klang eurer Worte, aber die gute Wirkung setzt sich noch lange fort: gerade so wie an jenen großen Tagen, mit denen vor allem Rom sich schmückt, wenn die Sonne bereits hinter dem Horizont verschwunden, der Himmel aber noch von Glanz überströmt ist und eine Spur von Licht fortfährt, der Finsternis der Nacht das Feld streitig zu machen."[365]

Im folgenden Jahr, am 23. Februar 1925, behandelte der Papst vor der gleichen Gruppe „das göttliche Wort, dessen Diener die Prediger sind," und nannte es, „wenn man auf die Gnade schaut, das Sakrament der Sakramente,

---

S. 6. – Zu dem zitierten Papst und Kirchenlehrer siehe Wilhelm M. Gessel, Art. Gregor I. der Große, in: LThK³ 4 (1995), Sp. 1010–1013.

363 *L'eloquenza è già per se stessa, umanamente parlando (e voi ne avete l'esperienza) non soltanto la regina delle arti del dire e di tutte le arti più elevate, ma è altresì la regina dei cuori. Voi conoscete la bellissima e per voi lusinghiera parola che definiva l'eloquenza: flexanima omnium regina rerum.*: Pio XI, Discorsi I, S. 202–205, hier S. 203.

364 Schierl, Tragödien, S. 306.

365 *Scesi dai vostri pulpiti, si spegnerà delle vostre parole il suono immediato; ma l'effetto buono continuerà lontano: proprio come in quelle grandi giornate, di cui Roma specialmente s'abbella, quando il sole è gia scomparso sotto l'orizzonte, mentre il cielo è inondato ancora di splendori ed un solco di luce continua a contendere il campo alle tenebre della notte.*: Pio XI, Discorsi I, S. 205.

eine Art von übergreifendem Sakrament [...]."³⁶⁶ „In der Tat machte der göttliche Meister in den Anweisungen, die er seinen Aposteln gab, alles von der Predigt abhängig: Geht und predigt, geht und unterweist."³⁶⁷ Im weiteren Verlauf erinnerte Pius seine Zuhörer an den besonderen Kontext der Fastenpredigten jenes Jahres: „In der Tat, die bevorstehende Fastenzeit ist keine heilige Zeit wie immer, sondern sie ist doppelt heilig, denn es ist die Fastenzeit des Heiligen Jahres."³⁶⁸

Wiederum zu den römischen Pfarrern und Fastenpredigern sprach der Papst am 8. Februar 1932 über die Predigt als die erste Seelsorge: „Diese lieben Söhne führen die wichtigste und charakteristischste Mission aus, die feierlich und förmlich von Unserem Herrn eingesetzt wurde, als er die Apostel aussandte, in aller Welt zu predigen. ‚Geht hinaus zu allen Völkern!‘ Aber wie wird man unterweisen können, erläutert der heilige Paulus, ohne zu predigen? ... ‚wie aber werden sie hören, wenn niemand predigt?‘ Die erste Seelsorge ist also die Predigt: sie ist der Dienst, der den Seelen die Wahrheit und das Gute bringt, die Bezeichnung des Wahren und des Guten, die den Verstand erleuchtet und den Willen anspornt."³⁶⁹

Auf einen besonderen Aspekt der *Sacra eloquenza*, nämlich die Kürze, hatte Pius XI. schon bei der Audienz des Jahres 1923 hingewiesen und dabei die einprägsame Formulierung gefunden: *Pensare molto e parlare*

---

366 *Si può ben dire che la divina parola della quale i predicatori sono ministri è, in fatto die grazia, il Sacramento dei Sacramenti, una specie di Sacramento trascendente,* [...].: Pio XI, Discorsi I, S. 352–354, hier S. 352.

367 *Infatti il Divino Maestro nei precetti che dava agli Apostoli Suoi, tutto faceva dipendere dalla predicazione: Andate e predicate, andate e insegnate.*: Pio XI, Discorsi I, S. 352.

368 *La imminente Quaresima non è infatti un tempo sacro come sempre, ma è doppiamente sacro, perché è la Quaresima dell'Anno Santo.*: Pio XI, Discorsi I, S. 353.

369 [...] *quei cari figli esplicano la missione più importante e più caratteristica, che è stata solennemente, formalmente istituita da Nostro Signore, quando inviò gli Apostoli a predicare in tutto il mondo.* **Euntes docete omnes gentes:** *ma come si potrà insegnare, spiega San Paolo, senza predicare? ...* **quomodo autem audient sine praedicante?** *La prima cura per le anime è dunque la predicazione: è essa il ministero che porta alle anime la verità, ed il bene, l'indicazione del vero e del bene, che illumina le intelligenze e sprona la volontà.*: Pio XI, Discorsi II, S. 643–647, hier S. 644.

brevemente – „Viel nachdenken und kurz reden".[370] Bei der Ansprache, die er am 13. Februar 1934 an den gleichen Kreis richtete, kam er auf dieses Thema zurück – und zwar nicht ohne Humor. Er knüpfte an den Umstand an, daß er sich kurz fassen müsse, weil noch 350 Hochzeitspaare auf ihre Audienz warteten: „daher eine glückliche Gelegenheit, um ein Beispiel jener Kürze zu geben, die eine der Gaben des Predigers sein muß. Es trifft ohne weiteres zu, daß es für die Fastenprediger Roms Hörer gibt, die nicht müde werden, sie anzuhören, ja sie sogar bitten, ihre Rede auszudehnen – Uns, fügte Seine Heiligkeit hinzu, ist das nur ein einziges Mal vorgekommen."[371]

Der Papst erzählte dann eine Episode aus dem Sommer 1882, also aus den Monaten vor seiner Berufung an das Mailänder Theologische Seminar. Für die Zeit von Juli bis September war er mit der Seelsorge in dem kleinen Dorf Barni in der Val(l)assina beauftragt worden[372]. Dazu nun die Erinnerung des alten Papstes: „Wir sprachen zu armen Bauern, Bergbewohnern, denen seit langer Zeit ein Pfarrer fehlte; sie waren verlassen, ohne irgend jemanden, und hörten Uns deshalb mit gespannter Aufmerksamkeit zu. Wir [aber] hatten, ohne es zu bemerken, Unsere Rede ausgedehnt und versuchten, Uns zu entschuldigen, weil Wir zu lange gesprochen hatten; sie aber antworteten uns sofort: ‚Sie konnten noch weitersprechen; wir waren so zufrieden, weil uns schien, wieder Menschen geworden zu sein.' – Wie auch immer, der Begriff der Kürze ist charakteristisch für die Redekunst; [...]."[373]

---

370 Confalonieri, Pio XI, S. 138. – Tschakert: „Viel denken und kurz sprechen!": Confalonieri deutsch, S. 132.

371 [...] *felice necessità pertanto di dare un esempio di quella brevità che deve essere una delle doti del predicatore. È ben vero che per i quaresimalisti di Roma vi saranno degli uditori che non si stancheranno di ascoltarli, anzi li pregheranno di prolungare il loro dire – a Noi, aggiungeva Sua Santità, questo è capitato una sola volta.*: Pio XI, Discorsi III, S. 25–27, hier S. 25–26.

372 Vgl. Galbiati, Pio XI evocato, S. 260 sowie im Reg. *sub voce* Barni. – Eine leicht abweichende Version gibt Confalonieri. Demnach befand sich Achille Ratti mit einem Gefährten um den 15. August (Fest Mariä Himmelfahrt) auf der Durchreise in dem nicht mit Namen genannten Dorf.: Confalonieri, Pio XI, S. 132; Confalonieri deutsch, S. 125–126.

373 *Parlavamo a poveri contadini, montanari ai quali da molto tempo mancava il parroco ed erano rimasti senza nessuno, abbandonati e perciò Ci ascoltavano con intensa attenzione, e Noi, senza avvedercene, avevamo prolungato il Nostro dire e cercavamo di scusarci per essere stati troppo lunghi; ma essi*

Als Autorität führte der Papst Alessandro Manzoni (1785–1873) an[374]: Jener große Meister „zählte gerade zu den ersten Erfordernissen der Rede die Kürze, indem er schrieb: ,mit Wenigem zufrieden sein'."[375] Überhaupt schätzte Pius XI. den Dichter Manzoni auch aus dem Blickwinkel der geistlichen Beredsamkeit. So zitierte er ihn am 11. Februar 1925 in der Ansprache an einen Pilgerzug aus Mailand: Manzoni habe *argutamente* – „scharfsinnig" (oder darf man übersetzen: „witzig"?) bemerkt, „niemand sei so beredt wie in dem Moment, wo er Dinge sage, von denen die Zuhörerschaft tief überzeugt sei.'"[376]

Besonders eindringlich wies der Papst am 31. Oktober 1936 die Teilnehmer des Internationalen katholischen Kongresses für Werbung auf Manzoni hin. Zunächst aber präsentierte er seinem Publikum grundsätzliche Gedanken. Wir geben sie hier etwas ausführlicher wieder, weil sie belegen, wie der alte Papst Pius noch über Fragen nachdachte, in die er sich schon als Professor vertieft hatte. Vielleicht werden hier auch Spuren von Guglielmo

---

subito a dirci: «Poteva ancora continuare; eravamo tanto contenti perché ci sembrava di essere ridiventati uomini.» – Comunque il concetto della brevità è proprio dell'arte del dire; [...].: Pio XI, Discorsi III, S. 26.

374 Zu ihm Esther Lauer, Art. Manzoni, Alessandro, in: LThK³ 6 (1997), Sp. 1288–1289; Manfred Hardt, Geschichte der italienischen Literatur. Von den Anfängen bis zur Gegenwart, Düsseldorf – Zürich 1996, S. 553–568; Franca Janowski, Ottocento, in: Italienische Literaturgeschichte, unter Mitarbeit [...] hrsg. von Volker Kapp. 2., verbesserte Aufl., Stuttgart – Weimar 1994, S. 249–302, hier S. 266–272; Johannes Hösle, Italienische Literatur des 19. und 20. Jahrhunderts in Grundzügen. 2., überarbeitete und erweiterte Aufl., Darmstadt 1990, S. 16–22; Armando Rigobello, Der allgemein-philosophische Hintergrund: Italien im 19. Jahrhundert, in: Christliche Philosophie I, S. 586–595, speziell S. 593–594; Ivo Höllhuber, Geschichte der italienischen Philosophie von den Anfängen des 19. Jahrhunderts bis zur Gegenwart, München – Basel 1969, S. 25–26. – Aus der älteren deutschen Literatur ist hervorzuheben: Franz Xaver Kraus, Alessandro Manzoni (1884), in: Ders., Essays. Zweite Sammlung, Berlin 1901, S. [41]-99.

375 *Quel grande maestro che fu Alessandro Manzoni metteva appunto tra i primi requisiti del dire la brevità quando scriveva «del poco esser contento».*: Pio XI, Discorsi III, S. 26.

376 [...] *come già disse argutamente Alessandro Manzoni, nessuno è mai tanto eloquente come quando dice cose delle quali l'uditorio è profondamente persuaso.*: Pio XI, Discorsi I, S. 342–346, hier S. 343.

Audisio und Vito Fornari sichtbar, denen er ja lebenslang seine Wertschätzung bewahrte[377].

So zählte er die Werbung „ – wie alle geschriebenen Manifestationen des Denkens (und wenn man sagt: ‚geschrieben', so sind darunter jedenfalls die eingeprägten oder die ausgedrückten [Manifestationen] zu verstehen: gedruckt, gezeichnet, [bildlich] dargestellt) – zur großen Kunst der Rede: das Wort, das eben der vollkommene und vollständigste Ausdruck des Denkens ist: sei es von der Stimme hervorgebracht oder geschrieben, gedruckt, gezeichnet, gemalt, ausgehauen. / Nun kann man sich fragen, zu welchem Zweig, zu welchem literarischen Genus der Redekunst die Werbung gehöre. Man kann antworten: zum lehrhaften Genus einerseits, zum oratorischen Genus anderseits. Der lehrhafte Text (*didascalia*) besteht gerade in der Kunst zu belehren, darzulegen, während die Rede *(oratoria)* – die gleichbedeutend ist mit der Beredsamkeit – jenes Wort ist, das davon überzeugen will zu handeln, zu folgen, eine Sache anzunehmen. Sehr gut hat man gesagt: Die Prosa ist der Verstand, der zum Verstand spricht; die Poesie ist die Fantasie, die zu den Fantasien spricht; die Beredsamkeit ist der Wille, der zum Willen spricht. Nun hat die Werbung die Absicht, auf die Dinge hinzuweisen, über die Dinge zu belehren, die man erwerben kann, die man erwerben muß; und zugleich will sie überzeugen – auf tausend Weisen: zum Beispiel in den Städten, an den Straßen, sogar auf den Bergen, auf allen Betätigungsfeldern des Tourismus – und so sehr darauf insistieren, bis sie [einen] manchmal ermüdet. Und siehe da, wir betreten ein [schon] durchdachtes Gebiet: Die Werbung ist ein Genus ... eigener Art (*sui generis*) der Redekunst: [...].“[378]

---

377 Vgl. oben Kapitel IV.
378 *In tal modo la pubblicità rientra – come tutte le manifestazioni del pensiero scritte (e dicendo scritte si intendono quelle comunque impresse od espresse: stampate, disegnate, raffigurate) – nella grande arte del dire: la parola, che è appunto l'espressione perfetta e più completa del pensiero, sia essa vocale o scritta, stampata, disegnata, dipinta, scolpita. / Ci si può chiedere, allora, a quale branca, a quale genere letterario dell'arte del dire appartenga la pubblcità. Si può rispondere: al genere didascalico, da una parte, al genere dell'oratoria, dall' altro. La didascalia è appunto l'arte per insegnare, per additare, mentre l'oratoria [582] – che equivale alla eloquenza – è quella parola che vuole persuadere a fare, a seguire, ad accettare qualche cosa. Fu benissimo detto: la prosa è l'intelletto che parla all'intelletto; la poesia è la*

An diesem Punkt kam der Papst auf ein von Manzoni formuliertes Gesetz zu sprechen, das auch für diese Art der Redekunst gelte: „Es ist eines jener großen Gesetze, die sich durch sich selbst Achtung verschaffen wegen ihrer Evidenz und ihrer moralischen Erhabenheit; ihr gesellt sich in den Versen Manzonis eine wunderbare Form hinzu, in welche der berühmte Schriftsteller sie zu kleiden verstanden hat: ,Zuhören und bedenken; mit Wenigem zufrieden sein; das wahrhaft Heilige niemals verraten; niemals ein Wort aussprechen, das dem Laster Beifall spende und die Tugend verlache.'"[379] Den einzelnen Gliedern dieser Verse Manzonis widmete der Papst dann einen eingehenderen Kommentar mit besonderer Rücksicht auf die Werbung[380].

Alessandro Manzoni war nicht der einzige Name, den Pius XI. anführte. In den Audienzen seiner späten Jahren erwähnte er mehrmals den Dominikaner Henri-Dominique (Geburtsname: Jean Baptiste Henri) Lacordaire (1802–1861)[381], einen der großen französischen Kanzelredner des 19. Jahrhunderts. Am 27. September 1936 bemerkte er gegenüber den Teilnehmern des Internationalen Kongresses der katholischen Presse: „[…] Ihr laßt uns wahrhaftig an den Ausspruch eines großen Redners denken, an Lacordaire, der mit Hinweis auf seine Zuhörerschaft einmal sagte: ,Wer nicht spürt, daß er bei dem Gedanken, zu Euch zu sprechen, in irgendeiner Weise zittert,

---

fantasia che parla alle fantasie; l'eloquenza è la volontà che parla alla volontà. Ora la pubblicità intende additare, insegnare le cose che si possono acquistare, che bisogna acquistare; e insieme vuole persuadere – in mille modi: nelle città, nelle strade, persino sulle montagne, in tutte le attività del turismo, ad esempio – e insistere tanto sino, a volte, a stancare. Ed eccoci su un terreno ragionato: la pubblcità è un genere...sui generis dell'arte del dire: [...].: Pio XI, Discorsi III, S. 580–584, hier S. 581–582.

379 *È una di quelle grandi leggi che, di per se stesse, si impongono per la loro evidenza e per la loro maestà morale a cui si aggiunge, nei versi di Manzoni, una mirabile forma con la quale l'illustre scrittore ha saputo rivestirla:* **Sentire e meditare, del poco esser contento; il santo vero mai non tradir; né profferir mai verbo, che plauda al vizio o la virtù derida.**: Pio XI, Discorsi III, S. 582.

380 Vgl. Pio XI, Discorsi III, S. 582–583.

381 Zu ihm Guy BEDOUELLE, Art. Lacordaire, Henri-Dominique, in: LThK³ 6 (1997), Sp. 582–583; Louis LE GUILLOU, Im Schatten von Lamennais: Henri Lacordaire (1802–1861) und Charles de Montalembert (1810–1870), in: Christliche Philosophie I, S. 477–485, speziell S. 478–481; SCHNEYER, Geschichte, S. 347; SANTINI, L'eloquenza italiana I, S. 216–217; ZANOTTO, Storia della predicazione, S. 537–539.

ist nicht würdig zu sprechen.'"[382] Wir dürfen annehmen, daß dieses nicht leicht zu beschreibende „Zittern" auch dem predigt- und redeerfahrenen Papst nicht unbekannt war.

Am 28. Juli 1937 skizzierte er vor führenden Kreisen der *Azione Cattolica*, wie Lacordaire über die göttliche Trinität gepredigt habe: „Man muß an die Worte erinnern, die Lacordaire an jene richtete – damals waren sie noch zahlreicher, aber wie viele gibt es auch heute noch! – [...] an jene, die unseren Glauben verlachen als eine Sache für Leute, die mit wenig zufrieden sind und die geringere Ansprüche haben, weil sie weniger wissen. In einer seiner Konferenzreden zu Toulouse sprach Lacordaire von der Trinität, dem ,dunkelsten' der Geheimnisse unseres Glaubens; er sprach mit dem Glanz, der für seinen Geist charakteristisch ist, einem geheimnisvollen Glanz, einem dunklen, aber echten Glanz, einem wahren Genuß für den Verstand – so sehr, daß mancher Augenblick kommt, in welchem man sich fragt, ob das Geheimnis nicht entschlüsselt, nicht enthüllt worden ist, und er selbst stellt sich die Frage: ,Haben wir den Schleier gelüftet, den man nicht lüften durfte? Keine Gefahr! Es gibt das Geheimnis und es bleibt Geheimnis, auch wenn wir uns gelegentlich darüber täuschen, [nur] weil wir irgendetwas verstanden haben. Nein, das Geheimnis bleibt, was es ist, mag uns auch scheinen, daß wir unter den Dunkelheiten des Geheimnisses selbst Strahlen wahren Lichtes erahnen konnten.'"[383] Der Papst stellte dann

---

382 *[...] veramente voi Ci fate pensare a una frase di un grande oratore, il Lacordaire, il quale, accennando al suo uditorio, ebbe a dire una volta: chi non si sente in qualche modo trepidare al pensiero di parlare a voi, non è degno di parlare.*: Pio XI, Discorsi III, S. 564–569, hier S. 565.

383 *Bisogna ricordare le parole che Lacordaire rivolgeva a quelli – piú frequenti allora, ma quanti ancora! – [...] a quelli che deridono la fede nostra come una cosa per gente che si contenta di poco, di minori esigenze, perché di minore scienza. Lacordaire, in una delle sue conferenze di Tolosa, parlava della Trinità, del piú «tenebroso» dei misteri della nostra fede, parlava con lo splendore caratteristico del suo ingegno, con uno splendore misterioso, uno splendore tenebroso ma vero splendore, un vero godimento dell'intelletto, tanto che viene qualche momento in cui ci si domanda se il mistero non è penetrato, non è svelato, ed egli stesso si fa questa domanda: «Abbiamo sollevato il velo che non si doveva sollevare? Non c'è pericolo; il mistero c'è e rimane mistero, anche se qualche volta possiamo illuderci nel fatto di intendervi qualche cosa. No, il mistero rimane quel che è; pure ci [627] sembra di avere potuto*

eine Verbindung zwischen Lacordaire und Dante her[384] und schloß mit dem selbstbewußten Vorwurf an jene, die den Glauben verlachen, „daß sie sich ihrer selbst schämen müssen: sich darüber schämen, ihr Gewissen diesen Lichtstrahlen des Glaubens nicht geöffnet zu haben."[385]

Zu der Trinitätspredigt Lacordaires fühlte sich der Papst auch durch eine autobiographische Reminiszenz hingezogen. Diese offenbarte er in der Ansprache, die er am 7. April 1935 an die *Missionarie della scuola* („Missionarinnen der Schule") richtete; in der Zusammenfassung lesen wir, Pius XI. habe die „Jahrhundertfeier der Konferenzrede des großen Lacordaire in Notre-Dame zu Paris [...], die soeben begangen wurde", erwähnt und dabei auch „an eine von dessen Konferenzen zu Toulouse erinnert – **und dies ist eine Erinnerung aus der frühesten Jugend** –, in denen er über das Geheimnis der Heiligsten Dreifaltigkeit spricht."[386] Es folgt die Zusammenfassung einiger diesbezüglicher Gedanken Lacordaires, ähnlich wie in der soeben vorgestellten Ansprache an die *Azione Cattolica*. Die „Erinnerung aus der frühesten Jugend" läßt sich zeitlich nicht näher bestimmen. Wenn ein Greis rückblickend so spricht, muß damit nicht unbedingt nur die Kinderzeit gemeint sein. In jedem Fall ist die Reminiszenz so zu verstehen, daß Achille Ratti die Konferenzrede von Toulouse schon früh entweder selber las oder ihrer Darbietung, vielleicht als Tischlesung, zuhörte[387]. Dies könnte

---

intravedere, tra le tenebre del mistero stesso, fulgori di luce vera.»: PIO XI, Discorsi III, S. 623–627, hier S. 626–627.

384 *Forse il Lacordaire pensava ai versi di Dante: «O luce eterna che sola in Te sidi, / sola T'intendi, e da Te intelletta / ed intendente Te ami e arridi!»*: PIO XI, Discorsi III, S. 627.

385 *Abbiamo dunque potuto intravedere qualche cosa, concludeva: quanto basta per poter dire a quei poveretti che ridono della nostra fede, che devono arrossire di se stessi, arrossire di non avere aperto la coscienza a questi fulgori della fede.*: ebd.

386 *A questo – proseguiva Sua Santità, – faceva ripensare il Centenario testé celebrato della conferenza del grande Lacordaire a Notre-Dame de Parigi, ricordando – **ed è ricordo di primissima gioventú** – una sua conferenza di Tolosa, in cui Egli parla del Mistero della SS. Trinità.*: PIO XI, Discorsi III, S. 302–305 (Referat der Ansprache), hier S. 304 (Hervorhebung Rb.).

387 Die Originalausgabe der Predigten von Toulouse erschien 1857, also im Geburtsjahr Achille Rattis, in Paris. Im folgenden Jahr kam die erste italienische Ausgabe heraus: Enrico Domenico LACORDAIRE, Conferenze di Tolosa,

im Kleinen Seminar *San Pietro Martire* zu Seveso gewesen sein oder im *Seminario-Liceo* zu Monza[388]. Hier fällt ein winziges Schlaglicht auf Rattis frühe religiöse Lektüre, über die wir sonst so gut wie nichts wissen.

Auf unserem Streifzug durch die Ansprachen, die Pius XI. während seines Pontifikats gehalten hat, sind wir auf eine Vielfalt von Bemerkungen über Beredsamkeit, Predigt und Prediger gestoßen. Natürlich waren diese Äußerungen meistens von der jeweiligen Audienz und deren Publikum bestimmt: Wenn der Papst beispielsweise die Fastenprediger empfing, lag es nahe, daß er etwas über das Predigen sagte. Wir finden aber auch Überraschungen: Daß Pius zu Werbefachleuten über die Werbung als einen besonderen Bereich der *arte del dire* – der „Redekunst" sprach, war nicht ohne weiteres zu erwarten. In allen Fällen aber erkennen wir deutlich, daß der Papst viel über Beredsamkeit und Predigt nachgedacht hatte und über einen großen Fundus an Einsichten und Kenntnissen auf diesem Gebiet verfügte. Ohne Zweifel bestand ein Zusammenhang zwischen Rattis Tätigkeit als Professor der *Sacra eloquenza* und seiner Rede- und Predigttätigkeit als Papst.

---

aggiuntovi diversi opuscoli, Milano (Tip. Guglielmini) 1858 (zitiert nach dem elektronischen «Catalogo del Servizio Bibliotecario Nazionale»).

388 Zu seinem Aufenthalt dort allgemein GALBIATI, Pio XI evocato, S. 256; NO-VELLI, Pio XI, S. 29.

X. Kapitel: Der Wechsel an die *Biblioteca Ambrosiana*

1) Vom *professore* des Theologischen Seminars zum *dottore* der Bibliothek

Am Ende unserer Untersuchung kehren wir zu Achille Rattis Mailänder Zeit zurück. Wir haben schon gesehen, daß er seine homiletische Lehrtätigkeit in den Jahren 1888/1889 schrittweise aufgab und an die *Biblioteca Ambrosiana* wechselte[389]. Der gelehrte Antonio Maria Ceriani (1828–1907)[390], der damalige Präfekt der Bibliothek, hatte an dieser Entwicklung den wichtigsten Anteil[391]. Am 5. November 1888 wandte Ratti sich schriftlich an das „Würdige Kollegium der Doktoren der Ambrosianischen Bibliothek" und bewarb sich auf die freie Stelle eines „Doktors"[392]. Daraufhin übertrug ihm das Kollegium am 8. November 1888 durch Wahl diesen Posten. Aus dem Professor der geistlichen Beredsamkeit wurde ein „Doktor" der berühmten Bibliothek.

Seit der Gründung der Ambrosiana zu Beginn des 17. Jahrhunderts[393] tragen die für die wissenschaftliche Bearbeitung und Auswertung der Bestände verantwortlichen Bibliothekare den Titel eines „Doktors" der Bibliothek; nach der Satzung bilden sie das „Kollegium der Doktoren". Dieser Kreis

---

389 Vgl. oben Anm. 84–85 und Anm. 122.
390 Zu ihm PASINI, Achille Ratti bibliotecario, S. 60 Anm. 8; Storia dell'Ambrosiana. L'Ottocento, Reg.; dort bes. PASINI, Il Collegio dei Dottori, S. 77–127; Jürgen BÄRSCH, Art. Ceriani, Antonio Maria, in: LThK³ 2 (1994), Sp. 993.
391 Vgl. PASINI, Il Collegio dei Dottori, S. 100.
392 Eine photographische Abbildung des Schreibens bei NOVELLI, Pio XI, S. 43; eine Edition des Textes in RATTI, Lettere 1875–1922, S. 23 Nr. 7. – Jean Baptiste Esch (vgl. Anm. 326) gab in seinem Nachruf auf Pius XI. dessen *Bedürfnis nach wissenschaftlicher Betätigung* als Motiv für die damalige Bewerbung an.: ESCH, Briefe aus Rom, S. 151.
393 Zu ihr: Storia dell'Ambrosiana. – Ferner A[ngela] NUOVO, Art. Mailand. 3.: Bibliotheken: a. Ambrosianische Bibliothek, in: LGB² 5 (1999), S. 27–28; Hermann GOLDBRUNNER, Art. Ambrosiana / Biblioteca Ambrosiana, in: LThK³ 1 (1993), Sp. 491.

wählte zwei Jahrzehnte später, am 8. März 1907, den Doktor Achille Ratti als Nachfolger des verstorbenen Antonio Maria Ceriani auch zum Präfekten. Übrigens kehrte Ratti damals gleichzeitig auch an das Theologische Seminar zurück. Noch im März 1907 übernahm er dort nämlich das durch Cerianis Tod vakante Amt des Lehrers für Hebräisch: „Ratti hatte seine Kenntnisse des Hebräischen auch dadurch vervollkommnet, daß er in freien Stunden die Spezialschule des Rabbiners von Mailand, Commendatore Dr. Alessandro Da Fano, besuchte."[394] Den Lehrauftrag für Hebräisch nahm der neue Bibliothekspräfekt für zwei Jahre wahr[395]. Im Jahr 1909 erhielt er die Berufung zum *dottore collegiato*, das heißt: er wurde dem Professorenkollegium der Theologischen Fakultät beigezählt; diese war, wie wir uns erinnern, im Jahr 1892 – längst nachdem er den Lehrstuhl der *Sacra eloquenza* aufgegeben hatte – in dem Mailänder Seminar wiedererrichtet worden war[396].

Als Ratti in den Dienst der Ambrosiana trat, stand er im 32. Lebensjahr. Die Bibliothek wurde der Ort, an dem er sich über mehrere Jahrzehnte *mit Studieren beschäftigte*[397]. Aber nicht nur das. Die sicherheitstechnische Modernisierung der Ambrosiana und die Gewinnung zusätzlicher Räume waren vornehmlich Rattis Werk, und zwar nicht erst des Präfekten, sondern bereits des Doktors. Über diese technisch-organisatorischen Verdienste wie auch über die wissenschaftliche Arbeit des Mailänder Bibliothekars konnte sich das deutschsprachige Publikum vor allem durch die zeitgenössische Biographie Pius' XI. von Max Bierbaum unterrichten[398]. Außerdem publizierte Giovanni Galbiati 1922 auf deutsch in der *Kölnischen Volkszeitung* einen Artikel in vier Folgen zu diesem Thema[399]. 1936 veröffentlichte er in dem katholischen Jahrbuch für Bücherfreunde *Sankt Wiborada* unter der Rubrik „Bibliophile Köpfe" einen zusammenfassenden Aufsatz über Pius

---

394 *Il Ratti aveva perfezionato le sue cognizioni d'ebraico anche frequentando, in ore libere, la scuola particolare del Rabbino di Milano Comm[endatore] Dr. Alessandro Da Fano.*: GALBIATI, Pio XI evocato, S. 290.
395 Ebd.
396 Vgl. RIMOLDI, Gli studi teologici, S. 582 Anm. 111, sowie S. 599. – Zu der Fakultät vgl. unsere durch Anm. 87–90 nachgewiesenen Angaben.
397 Zum *Studieren* oben Anm. 2.
398 Vgl. BIERBAUM, Pius XI., S. 83–96.
399 Vgl. GALBIATI, Pio XI evocato, S. 354.

XI. und die Ambrosiana[400]. Darin gab er nicht nur eine kommentierte Übersicht der Publikationen Achille Rattis, sondern hob auch dessen technischorganisatorisches Erneuerungswerk hervor[401].

Gut dreißig Jahre lang wirkte Achille Ratti als Bibliothekar an der Ambrosiana und später an der Vaticana: ein Lebenswerk, dessen man selbst dann gedenken würde, wenn er nicht Papst geworden wäre[402]. Gegenüber seinem jahrzehntelangen Wirken als Bibliothekar erscheinen seine Tätigkeit als Apostolischer Visitator und Nuntius in Polen (1918–1921)[403] und als Erzbischof von Mailand (1921–1922) als kurze Episoden, und natürlich hat sich die bibliothekarische Prägung auch in seinem Pontifikat in vielfältiger Weise bemerkbar gemacht[404]. Mit welcher Vorbildung aber kam er überhaupt zur Bibliothek?

2) Ein durch die *Sacra eloquenza* herangebildeter Bibliothekar

Den sechs oder sieben Jahren, in denen Achille Ratti den Lehrstuhl der geistlichen Beredsamkeit (und den Lehrauftrag für Dogmatik) innehatte, gebührt Aufmerksamkeit nicht alleine in sich, sondern zugleich auch im Blick

---

400 Vgl. GALBIATI, Ambrosiana.

401 Immer noch von großem Wert ist die Darstellung des gesamten Wirkens an der Ambrosiana durch GALBIATI, Pio XI evocato, S. [13]-50, [163]-196, 263–313.

402 Neuere Literatur zu Rattis Tätigkeit an der Ambrosiana: PASINI, Achille Ratti bibliotecario, S. 50–56; PASINI, Il Collegio dei Dottori; Storia dell'Ambrosiana. L'Ottocento, Reg. – Zu Rattis Tätigkeit an der Vaticana PASINI, Achille Ratti bibliotecario, S. 56–57; BIGNAMI ODIER, La Bibliothèque Vaticane, S. 257 mit S. 270. – Vgl. insgesamt auch den schönen Band von Nello VIAN, Figure della Vaticana e altri scritti. Uomini, libri e biblioteche, a cura di Paolo VIAN (Sudie e testi, 424), Città del Vaticano 2005, Reg. – Aus der zeitgenössischen Literatur GALBIATI, Pio XI evocato, S. 305–316; BIERBAUM, Pius XI., S. 113–120.

403 Auch als Apostolischer Visitator in Polen blieb Ratti zunächst noch Präfekt der Vaticana; vgl. die Titulatur am Anfang seiner Instruktionen: CAVALLERI, L'archivio, S. [127]. – Einige weitere Belege: Schreiben Rattis an den Kardinalstaatssekretär Pietro Gasparri v. 9. Februar 1919: ebd., S. 27; chiffrierter Geheimtext v. 13. Februar 1919: ebd.; Schreiben Rattis an Gasparri v. 2. April 1919: ebd., S. 29; chiffrierter Geheimtext v. 4. Juli 1919 mit der Demission Rattis als Domherr von St. Peter und als Präfekt der Vaticana: ebd., S. 31.

404 Dazu PASINI, Achille Ratti bibliotecario, S. 58–60, sowie die von BIGNAMI ODIER, La Bibliothèque Vaticane, S. 270 zusammengestellte Literatur.

auf die *folgende* lebensgeschichtliche Phase. Ob Ratti in den Jahren seiner Professur eigene Pläne für die weitere Laufbahn entwickelt hat, wissen wir nicht. In jedem Fall bildete die *Sacra eloquenza*, in die er sich vertiefte und die er lehrte, *de facto* die Vorbereitung auf seine Tätigkeit als Bibliothekar.

Schon Angelo Novelli hat angedeutet, Ratti sei durch sein Lehramt beziehungsweise durch die Art, wie er es ausfüllte, beinahe von selbst an die Bibliothekslaufbahn in der Ambrosiana herangeführt worden[405]. Konkreter und pointierter hat der Bibliothekar Friedrich Kreft (1908–1985)[406] über diesen Zusammenhang reflektiert: „Als Professor der Beredsamkeit am Mailänder Theologischen Seminar hatte Achille Ratti bereits die höhere Laufbahn des selbständigen Forschers beschritten, so daß die Tätigkeit als Gelehrter an der Ambrosiana nur eine Fortsetzung seines bisherigen Berufslebens darstellte, während allerdings der Mailänder Professor keinerlei Schulung für den Beruf des Bibliothekars erhalten hatte. Aber die Eigenschaften, welche als Bedingungen für die Aufnahme in das Doktorenkollegium der Ambrosiana galten, brachte Professor Ratti in hervorragendem Ausmaß mit."[407]

Krefts klarsichtige Überlegung fällt aus dem Rahmen, denn in der übrigen Literatur wurde die Frage, ob ein Zusammenhang zwischen Rattis Lehrtätigkeit und seinem Eintritt in die Ambrosiana bestanden habe, bisher nicht gestellt.

---

405 *Onde nessuno si sorprese allorchè dopo* **cinque** *anni di insegnamento, essendosi reso vacante il posto per la morte del sacerdote Fortunato Villa il 5 novembre 1888, il prof. Ratti, invitato da quell'illustre uomo che fu l'abate Ceriani, inoltrò domanda per essere accolto tra i dottori dell'Ambrosiana. Venne accettata.*: NOVELLI, Pio XI, S. 36. – Übrigens sagte Achille Ratti in seinem Bewerbungsschreiben über sich selbst: *da* **sette** *anni professore nel Seminario Teologico di Milano*: ebd., S. 43 (Hervorhebungen Rb.).

406 Als Kreft, von Hause aus Naturwissenschaftler, seinen gleich zu zitierenden Aufsatz über Pius XI. schrieb, war er Staatsbibliothekar an der Bibliothek der Technischen Hochschule München (später: Technische Universität); 1970 wurde er deren Direktor. Zu ihm HABERMANN – KITTEL, Lexikon dt. wiss. Bibliothekare, S. 98–99.

407 KREFT, Pius XI. als Bibliothekar, S. 106–107. – Die Formulierung „die höhere Laufbahn des selbständigen Forschers" findet sich bereits bei BIERBAUM, Pius XI., S. 83.

146

In unserem ersten Kapitel haben wir gesehen, daß Achille Ratti als Seminarist und Neupriester neben den vorgeschriebenen Studien auch solche betrieb, die über das Gewohnte hinausreichten: das Studium der historischen Erdbebenliteratur[408], das Studium der kirchlichen Rechtsgeschichte[409]. Als Dogmatiker befaßte er sich mit Fragen der Evolution[410]. Endlich bot ihm das Fach der *Sacra eloquenza*, mindestens in seinem historischen Teil, reiche Möglichkeiten zu methodischer Schulung und zu sachlich-literarischer Weiterbildung. Daß er mit Vorliebe *historische* Predigtbeispiele vorstellte, einordnete und analysierte, ist uns durch zeitgenössische Zeugnisse unzweifelhaft überliefert.

In einem lockeren Sinn sammelte Achille Ratti schon als Seminarist Erfahrungen mit einer Bibliothek; im Theologischen Seminar zu Mailand übte er nämlich das Amt eines „Präfekten des Lesesaals" aus[411]. Eine spezifisch bibliothekarische Ausbildung wurde ihm später allerdings nicht zuteil. Den Präfekten Antonio Ceriani, der als Bibliothekar ebenfalls ein Autodidakt war, hat dies nicht gestört, als er Rattis Bewerbung auf den freien Posten eines Doktors förderte.

Zwar erhob sich im Lauf des 19. Jahrhunderts immer wieder die Forderung nach einer Professionalisierung der Bibliothekare, sie setzte sich aber nicht mit einem Schlag und auch nicht überall in gleicher Weise durch: „Die früheste Verordnung über die Zulassung zur Ausbildung und Prüfung erging 1864 für den Dienst an der Hof- und Staatsbibliothek München, die endgültige Ausbildungsordnung für Preußen datiert von 1893."[412] An den kirchlichen Bibliotheken verlief die Entwicklung noch viel weniger gleichmäßig. Im Jahre 1888 war es also keineswegs ungewöhnlich, wenn sich jemand mit einer Vorbildung, wie Ratti sie präsentieren konnte, auf die Stelle eines kirchlichen Bibliothekars bewarb.

Wenn Friedrich Kreft über Ratti sagt, „daß die Tätigkeit als Gelehrter an der Ambrosiana nur eine Fortsetzung seines bisherigen Berufslebens

---

408 Vgl. oben Anm. 19 u. 20.
409 Vgl. Anm. 14.
410 Vgl. Anm. 17.
411 [...] *era prefetto della Sala di Lettura.*: GALBIATI, Pio XI evocato, S. 257.
412 JUNG, Art. Bibliothekar, S. 380; vgl. H[ans] M[artin] WERHAN, Art. Professorenbibliothekare, in: LGB² 6 (2003), S. 112; auch DERS., Art. Dichterbibliothekare, in: LGB² 2 (1989), S. 297–302.

darstellte", ebnet er die Unterschiede zwischen den beiden Lebensphasen und Arbeitsbereichen zu stark ein; im übrigen ist ihm aber zuzustimmen: Objektiv und *de facto* stellte Rattis Professur der geistlichen Beredsamkeit die Vorbereitung auf den Doktor der Ambrosiana dar.

3) Die Edition der borromäischen Predigtanweisungen

Ob sich Achille Ratti an der Ambrosiana in größerem Maße mit Literatur zur geistlichen Beredsamkeit befaßt hat, läßt sich beim gegenwärtigen Stand der Kenntnisse nicht sagen. Wohl aber ist bekannt, daß er einen wichtigen Text der historischen Homiletik in einer bis heute unersetzten kritischen Edition vorgelegt hat, nämlich die auf den hl. Karl Borromäus zurückgehenden „Anweisungen für die Verkündigung des Wortes Gottes nach dem Dekret des III. Provinzialkonzils"[413].

In unserem dritten Kapitel erwähnten wir die Vorlesungsreihe des Mailänder Homiletikers Cesare Viola: „Die Predigt nach den Normen des hl. Karl Borromäus in den ‚Anweisungen zur Verkündigung des Wortes Gottes'. Aus den ‚Akten der Kirche von Mailand'. Theoretisch-praktischer Kursus zum Gebrauch der Seminare" aus dem Jahr 1909[414]. Wir bemerkten, bereits der Titel lasse erkennen, daß zwei Jahrzehnte nach der Lehrtätigkeit Rattis die Predigt in Mailand weiterhin den Instruktionen des Carlo Borromeo folgte – oder erneut folgen sollte[415]. Die Wirkungsgeschichte Borromeos und der „Akten der Kirche von Mailand"[416] dürfte in Mailand selbst und in der Lombardei niemals wirklich unterbrochen gewesen sein. Daneben scheint es in der zweiten Hälfte des 19. Jahrhunderts aber auch Regionen gegeben zu haben, in denen Borromeo und seine Akten neu entdeckt

---

413 *Instructiones Prædicationis Verbi Dei ex Concilii Provincialis III decreto* [...]. – Zum geschichtlichen Kontext Stephan LEIMGRUBER, Katechetische und homiletische Aspekte zur Zeit Borromeos, in: Karl Borromäus und die katholische Reform. Akten des Freiburger Symposiums zur 400. Wiederkehr der Heiligsprechung des Schutzpatrons der katholischen Schweiz. Hrsg. von Mariano DELGADO – Markus RIES (Studien zur christlichen Religions- und Kulturgeschichte, 13), Freiburg/Fribourg – Stuttgart 2010, S. 226–243.
414 Vgl. Anm. 94.
415 Vgl. den Haupttext zu Anm. 95.
416 Dazu MAJO, Storia della Chiesa ambrosiana II, S. 231–233 mit S. 239 (Abschnitt «Gli Acta Ecclesiae Mediolanensis»); CATTANEO, La singolare fortuna.

wurden: so im benachbarten Piemont. 1873 kam in Turin eine italienische Übersetzung der „Anweisungen für die Verkündigung des Wortes Gottes" in einer Separatausgabe von 70 Seiten heraus[417]. In dem Geleitwort vom 25. Mai 1873 empfahl Lorenzo Gastaldi (1815–1883)[418], Erzbischof von Turin, dem Klerus seines Sprengels eine „relecture" dieser Instruktionen des Mailänder Heiligen[419].

Als Doktor der Ambrosiana nahm Achille Ratti das große Werk einer kritischen Edition der gesamten „Akten der Kirche von Mailand" auf sich[420]. Im zweiten Band dieses monumentalen Werks finden wir, zweispaltig gedruckt, auch die Predigtanweisungen des Carlo Borromeo: *Instructiones Prædicationis Verbi Dei ex Concilii Provincialis III decreto* [...][421]. Der Vollständigkeit halber sei angemerkt, daß sich in dem dritten Band unter den Akten der 11. Mailänder Diözesansynode noch zwei winzige Stücke von predigtgeschichtlichem Interesse befinden: ein kurzer Abschnitt über die Predigt des hl. Karl und die Bevollmächtigungsformel für einen Prediger[422].

Für den zweiten Band – und damit auch für die Predigtinstruktionen – hatte Ratti vor allen Dingen eine Unsumme von direkten Zitationen aus der

---

417 CARLO BORROMEO, Eloquenza sacra. – Der Text Borromeos gliedert sich in das Vorwort und 20 Paragraphen, die jeweils aus numerierten Sentenzen bestehen.

418 Zu ihm Maria Franca MELLANO, Art. Gastaldi, Lorenzo, in: DBI 52 (1999), S. 533–535.

419 In: CARLO BORROMEO, Eloquenza sacra, S. [3]-5.

420 Dazu PASINI, Achille Ratti bibliotecario, S. 52; PASINI, Il Collegio dei Dottori, S. 102–103 mit 124 (auch zur Methode der Edition); CATTANEO, La singolare fortuna, S. 210–214; GALBIATI, Pio XI evocato, S. 265. – Der erste Band, der die Akten der Vorgänger des hl. Karl Borromäus enthalten sollte, ist nie erschienen; fortgeschrittene Manuskripte dazu befinden sich in der Ambrosiana. Der zweite Band mit dem ersten Teil der Akten aus der Borromäus-Zeit erschien 1890, der dritte Band mit deren zweitem Teil 1892. Daß die beiden Bände in Faszikeln erschienen und die Erscheinungsjahre 1890 und 1892 eher auf einer Konvention beruhen, zeigt PASINI, Achille Ratti bibliotecario, S. 60 Anm. 13. Der vierte Band bietet die Akten aus der Zeit nach Karl Borromäus bis zum Ende des 18. Jahrhunderts und kam in Faszikeln von 1897 bis ca. 1900 heraus; dazu PASINI, Achille Ratti bibliotecario, S. 60 Anm. 15.

421 RATTI, Acta Ecclesiae Mediolanensis II, Sp. [1205]-1248.

422 RATTI, Acta Ecclesiae Mediolanensis III, Sp. 1045: *De concione, et aliis deinceps*, und Sp. 1093: *Formula facultatis pro concionatore*.

Bibel, aus den Werken der Kirchenväter, aus den Canones und Konzilien der Alten Kirche zu verifizieren, zu verbessern und in fast allen Fällen auch zu vervollständigen; hinzu kam der Nachweis zahlloser impliziter Zitationen: insgesamt ein *lavoro da certosino* – eine „Kartäuserarbeit", wie man in Italien sagt. Antonio Ceriani, der damalige Präfekt der Ambrosiana, hat in einer Rezension die Bedeutung und den Wert der Bemühungen seines Mitarbeiters hervorgehoben[423].

Enrico Cattaneo bezeichnete es als „einigermaßen mysteriös", daß Ratti die Edition der *Acta Ecclesiae Mediolanensis* nicht vollendet hat[424]. Er stellte die Vermutung auf, Ratti selbst habe sein Werk als „übereilt" und „ganz einer Revision bedürftig" angesehen[425]. Die Bedenken beziehen sich aber nicht auf die Editionstechnik im engeren Sinn, sondern auf die – aus welchen Gründen auch immer unterbliebene – Heranziehung weiterer Quellen. Die Edition der Predigtinstruktionen selbst scheint von dieser Debatte nicht berührt zu sein.

Zum Schluß unserer Bemerkungen sei auf die traurige Tatsache hingewiesen, daß die *Biblioteca Ambrosiana* im Zweiten Weltkrieg den größten Teil der von Ratti benutzten Vorgängerausgaben der *Acta Ecclesiae Mediolanensis* durch einen Brand verloren hat[426].

---

423 Über Cerianis Rezension CATTANEO, La singolare fortuna, S. 211–213, hier S. 212.

424 «Il fatto è davvero alquanto misterioso.»: CATTANEO, La singolare fortuna, S. 213.

425 «Proprio per la grande stima del Ratti come storico sono tentato di pensare che egli abbia considerato quell'opera un lavoro troppo affrettato e pertanto tutto da revisionare.»: CATTANEO, La singolare fortuna, S. 214.

426 Vgl. CATTANEO, La singolare fortuna, S. 207 Anm. 52.

Schlußwort

Achille Ratti bearbeitete und vertrat die *Sacra eloquenza* durch seine Lehre, nicht durch literarische Tätigkeit. Die Edition der borromäischen Predigtanweisungen, die zudem nicht separat, sondern in dem großen Zusammenhang der *Acta Ecclesiae Mediolanensis* erfolgte, bildete die Ausnahme. Durch die Arbeit an der Ambrosiana wurde er auf andere Gebiete des Wissens und der Organisation geführt.

Seine Predigttätigkeit schränkte dies aber nicht ein. Er blieb während seiner Jahrzehnte als Bibliothekar und während seiner Regierungszeit als Papst ein unermüdlicher Prediger und Redner. Was er sich einst als Predigtlehrer selbst erarbeitet und in seinen Vorlesungen den Mailänder Seminaristen weitergegeben hatte, wirkte auch in seinen eigenen Predigten weiter – untermauert und bereichert durch das Wissen und die Einsichten, die er sich als Bibliothekar fortdauernd erwarb.

Personenregister

Im Blick auf Anlage und Inhalt des vorliegenden Buches richtet sich das Register nach folgenden Regeln:
▶ Es bezieht sämtliche Teile des Buches ein. ▶ Es erfaßt jedes Vorkommen eines Personennamens, unabhängig vom Gewicht der jeweiligen Stelle. ▶ Nicht aufgenommen wurden „Achille Ratti" und „Pius XI." sowie die Namen von biblischen Persönlichkeiten und von Verlagen. ▶ Italienische Familiennamen, die mit „Da, De, Dell'" oder in ähnlicher Weise beginnen, sind, dem italienischen Gebrauch folgend, unter „D" einsortiert, während bei deutschen Namen „de" oder „von", wie üblich, nachgestellt werden. ▶ Die wenigen *antiken und mittelalterlichen* Autoren, die aufzunehmen waren, erscheinen mit ihren gängigen Namensformen, z. B. Cicero, Augustinus oder Thomas von Aquin. ▶ Unter den angeführten *neuzeitlichen* Persönlichkeiten sind einige heilig- oder seliggesprochen worden. Weil ihre Zahl nicht groß ist und die Qualifikation als Heilige oder Selige im Text nicht thematisiert wird, sind auch sie nicht mit den Vornamen, sondern einheitlich nach ihren Familien- oder Herkunftsnamen eingeordnet; die Bezeichnungen „hl." und „sel." wurden nicht berücksichtigt.. ▶ Die Zusätze zu den Namen wurden auf „Papst" und, der italienischen bzw. lateinischen Schreibweise angepaßt, „Card." sowie auf einige Adelstitel beschränkt.
Die Umlaute ä. ö und ü sind wie ae, oe und ue behandelt.

Delgado, Mariano 148
Dell'Acqua, Angelo Card. 16, 68, 70
Dell'Orto, Umberto 19
Demosthenes 93, 95
De Santis, Luigi 25
Dieringer, Franz Xaver 20, 25, 104
Dobhahn, Ulrich 45
Döllinger, Ignaz von 72
Domínguez, Joaquín M. 28
Drammer, Josef 18, 79

E

Ehrler, Joseph Georg von 79
Emanuel, Isidor Markus 19, 118, 122, 124
Engel-Janosi, Friedrich 19, 71
Esch, Jean Baptiste 20, 118, 121, 122, 127, 143
Esser, Wilhelm 20, 123

F

Fagioli Vercellone, Guido 20, 90, 91
Fani, Enrico 43, 44
Fantuzzo, Mariano 77
Feldkamp, Michael F. 68
Fénelon de Salignac de la Mothe, François 72, 74, 76, 78, 82, 88, 92, 93
Ferrari, Andrea Carlo Card. 25, 67, 68, 70
Ferrario, Giovanni Battista 51
Fiedler, Josef 112
Filippini, Lucia 115
Finger, Heinz 14
Finkenzeller, Josef 20, 95, 96
Fischer, Balthasar 110
Fléchier, Valentin-Ésprit 76, 78, 81
Foffano, Tino 20, 69

Fois, Mario 25
Fornari, Vito 16, 20, 85, 89–96, 137
Frank, Karl Suso 70, 113
Frasso, Giuseppe 19
Frayssinous, Denis-Antoine-Luc de 45, 46
Fries, Heinrich 22
Fumagalli, Pier Francesco 85

G

Galbiati, Giovanni 20, 37–39, 85, 90, 97–99, 101–112, 121, 135, 141, 144, 145, 147, 149
Garofalo, Salvatore 36
Gasparini, Paolo 37
Gasparri, Pietro Card. 145
Gastaldi, Lorenzo 149
Gatti, Serafino 89
Gatz, Erwin 18, 20, 25, 71, 104, 118
Geissel, Johannes von 106
Gelmi, Josef 36, 68
Gessel, Wilhelm 133
Giachi, Gualberto 60
Giglio, Donatella 26
Gioberti, Vincenzo 91
Goldbrunner, Hermann 143
Gramatica, Luigi 85
Gregor der Große, Papst 132, 133
Greinz, Christian 70
Grisar, Hartmann 42
Gualdo, Germano 19
Guasco, Maurilio 20, 39–42, 44
Guerrieri, Guerriera 20, 90

H

Habermann, Alexandra 21, 146
Hammans, Herbert 27
Hardt, Manfred 136
Hasenfuß, Josef 21, 42
Hattler, Franz Seraph 112

Beiträge zur Kirchen- und Kulturgeschichte

Herausgegeben von Christoph Weber

www.peterlang.com

www.ingramcontent.com/pod-product-compliance
Lightning Source LLC
Chambersburg PA
CBHW040409110426
42812CB00012B/2497